하루하루 살라

박윤선의 작은 설교
– 신약편 ① (마태복음~고린도전서)

하루하루 살라

초 판 1쇄   2015년 12월 31일 발행

지은이	박윤선
펴낸이	안만수
책임편집	조주석
발행처	도서출판 영음사
주소	경기도 수원시 권선구 경수대로369번길 20, 연안빌딩 4, 5층
전화	031) 233-1401, 1402
팩스	031) 233-1409
전자우편	biblecomen@daum.net
웹사이트	www.yungeumsa.co.kr
등록	2011. 3. 1. 제251-2011-14호

이 도서의 국립중앙도서관 출판시도서목록(CIP)은 서지정보유통지원시스템 홈페이지(http://seoji.nl.go.kr)와 국가자료공동목록시스템(http://www.nl.go.kr/kolisnet)에서 이용하실 수 있습니다. (CIP제어번호: CIP2015035918)

ISBN 978-89-7304-115-2 (04230)
ISBN 978-89-7304-113-8 (세트)

ⓒ 영음사 2015

책값은 뒤표지에 있습니다.
무단 전재와 복제를 금합니다.

하루하루 살라

도서출판 **영음사**

[머리말]

    이 책은 정암 박윤선 목사의 신약 설교집의 첫 번째 권입니다. 도서출판 영음사가 공관복음에서 계시록에 이르기까지 163편이나 되는 정암의 설교를 두 권으로 편집하여 출간하게 된 것을 기쁘게 생각합니다. 각 권에는 약 80여 편의 설교가 신약성경의 순서에 따라 실려 있습니다. 80여 편이나 되는 설교를 한 권에 담아낼 수 있다는 것은 각 설교가 그리 길지 않다는 사실을 의미합니다. 실제로 대부분의 설교는 세 페이지 정도의 분량입니다. 그럼에도 모든 설교에는 탄탄한 성경 주해와 통찰력 있는 적용점이 누락되지 않고 담겨 있습니다. 본서는 특히 다음의 독자층을 염두에 두고 출판되었습니다.

    첫째, 새벽 설교를 준비하는 말씀 사역자들을 위한 설교집입니다. 정암은 자신의 신구약 주석에 많은 단편 설교문을 포함시켰습니다. 그 목적은 설교자들을 돕기 위함이었습니다. 정암은 평소 제자들에게도 자신의 성경 주해와 설교문을 그대로 강단에서 활용해도 좋다고 종종 권면했습니다.

    둘째, 가정예배나 소그룹 모임에서 성경 본문을 공부할 때 참고할 수 있는 설교집입니다. 이 책에 실린 정암의 설교는 잘 알려진 성경 본문에 대한 짧은 주해입니다. 특히 설교 제목과 본문의 소제목들은 각 본문의 핵심적인 주제를 요약하고 있습니다. 예를 들어 요한복음 6장 1-15절 설교에서 정암은 "오병이어의 이적이 가르치는 교훈"을 다음 세 가지 소제목으로 요약합니다. 첫째, 교회 일은 사람의 타산으로 하지 못함(7절 참조). 둘째, 적은 것이라도 주님께 바치면 그것이 큰일을 이룸. 셋째, 주님은 큰일하신 때에 기도의 장소를 찾으셨음. 정암이 세 가지 교훈을 두 페이지 설교 안에서 통찰력 있게 요약하고 있습니다. 소그룹 리더나 가정 예배의 인도자는 소제목의 주제를 따라 성경 공부를 보다 효과적으로 인도할 수 있으리라 생각합니다.

셋째, 본서를 개인의 성경 묵상을 돕는 설교집으로 활용할 것을 추천합니다. 정암은 평소에 "계시 의존적 사색"의 중요성을 강조했습니다. 신자의 경건은 철저히 계시된 성경 말씀에 의존할 때 건강하고 균형 있게 발전할 수 있습니다. 독자들은 정암의 설교를 읽기 전에 설교 본문을 먼저 묵상해 볼 것을 추천합니다. 이 후에 정암의 주해 설교를 천천히 읽으며 한편으로는 통찰력 있는 주경신학자와 더불어 대화를 나누고, 다른 한편으로는 하나님의 계시된 말씀과 더불어 직접 대화하면서 가장 의미 있는 개인 경건의 시간을 가질 것을 추천합니다. 163회의 역동적이며 거룩한 대화는 이를 실천하는 독자 개인의 영적인 삶을 풍요롭게 하고 한 걸음 더 나아가 개인과 공동체를 변화시키는 참 경건의 열매를 맛보게 할 것입니다.

2015년 12월

펴낸이 안 만 수

[차례]

마태복음·마가복음

01. 성탄에 대한 사람들의 반응 ◆ 마 2:1-12 ◆ ···12
02. 별과 박사들이 보여 주는 교훈 ◆ 마 2:1-12 ◆ ···16
03. 의를 사모하는 자가 복이 있다 ◆ 마 5:6 ◆ ··18
04. 하늘 상급을 바라보라 ◆ 마 6:1-6 ◆ ··20
05. 이렇게 기도하라(주기도문) ◆ 마 6:9-13 ◆ ··23
06. 기독신자와 재물 ◆ 마 6:19-34 ◆ ··26
07. 하루하루 살자 ◆ 마 6:31-34 ◆ ···30
08. 그의 나라와 그의 의를 구하라 ◆ 마 6:33 ◆ ···33
09. 백부장의 신앙과 예수님의 평가 ◆ 마 8:5-13 ◆ ···································36
10. 주님을 따르는 자의 영적 긴장 ◆ 마 8:18-22 ◆ ···································39
11. 복음 증인의 자격 ◆ 마 10:16-23 ◆ ···43
12. 밭에 감추인 보화를 사라 ◆ 마 13:44 ◆ ··47
13. 값진 진주를 사는 자 ◆ 마 13:45-46 ◆ ···51
14. 적은 믿음에 대하여 ◆ 마 14:22-33 ◆ ···54
15. 누가 바리새교인인가 ◆ 마 23:13-27 ◆ ···58
16. 의인의 비석을 꾸미는 자들의 주의할 것 ◆ 마 23:29-31 ◆ ···············61
17. 직분대로 충성하자 1 ◆ 마 25:14-30 ◆ ···63
18. 직분대로 충성하자 2 ◆ 마 25:14-30 ◆ ···66
19. 향유를 부은 감사 ◆ 마 26:6-13 ◆ ···70
20. 마리아의 기름 부은 행위 ◆ 마 26:6-13 ◆ ···72
21. 예수 그리스도의 피를 믿자 ◆ 마 26:26-28 ◆ ·······································76
22. 신자와 가족 ◆ 막 10:29-30 ◆ ···79

누가복음

23. 그리스도의 성탄이 우리에게 보여 주는 교훈 ◆ 눅 2:1-7 ◆ ········· 84
24. 그리스도의 탄생에 대하여 ◆ 눅 2:1-7 ◆ ························· 87
25. 그리스도 탄생의 의미 ◆ 눅 2:1-7 ◆ ····························· 90
26. 천륜과 인륜 ◆ 눅 2:41-51 ◆ ·································· 93
27. 백부장의 신앙 ◆ 눅 7:1-10 ◆ ································· 96
28. 예수님의 일을 도와드리는 방법 ◆ 눅 8:1-3 ◆ ····················· 98
29. 선한 사마리아 사람 1 ◆ 눅 10:25-37 ◆ ························ 102
30. 선한 사마리아 사람 2 ◆ 눅 10:25-37 ◆ ························ 109
31. 응답 받는 기도 ◆ 눅 11:5-8 ◆ ································ 113
32. 표본적 기도 ◆ 눅 11:5-8 ◆ ··································· 116
33. 부자의 오산(誤算) ◆ 눅 12:16-21 ◆ ···························· 118
34. 적은 무리 ◆ 눅 12:32 ◆ ····································· 120
35. 교회의 할 일 ◆ 눅 15:8-10 ◆ ································· 123
36. 영광은 하나님께 돌리자 ◆ 눅 16:14-15 ◆ ······················· 126
37. 항상 기도하자 ◆ 눅 18:1-8 ◆ ································· 129
38. 삭개오의 신앙 ◆ 눅 19:1-9 ◆ ································· 133
39. 영생의 원천 ◆ 눅 20:37-40 ◆ ································· 136
40. 하나님이 기뻐하시는 헌금 ◆ 눅 21:1-4 ◆ ······················· 139
41. 엠마오로 가는 두 제자의 마음이 뜨거워짐 ◆ 눅 24:13-35 ◆ ······· 143
42. 불신앙의 원인 ◆ 눅 24:36-43 ◆ ······························· 147

요한복음

43. 로고스 안에 있는 생명 ◆ 요 1:1-4 ◆ ·········· 152
44. 세례 요한을 본받자 ◆ 요 1:19-28 ◆ ·········· 155
45. 신앙의 출발점 ◆ 요 1:43-47 ◆ ·········· 157
46. 나다나엘의 믿음 ◆ 요 1:43-51 ◆ ·········· 162
47. 하나님의 사랑 ◆ 요 3:16-21 ◆ ·········· 168
48. 오병이어의 이적이 가르치는 교훈 ◆ 요 6:1-15 ◆ ·········· 170
49. 성찬에 대하여 ◆ 요 6:53-55 ◆ ·········· 172
50. 기독신자와 근심 ◆ 요 16:20-24 ◆ ·········· 175
51. 마리아에게 나타나신 예수님 ◆ 요 20:11-18 ◆ ·········· 179
52. 주님을 따르자 ◆ 요 21:18-22 ◆ ·········· 182

사도행전

53. 증인(證人) ◆ 행 1:6-8 ◆ ·········· 186
54. 초대 교회의 부흥 ◆ 행 6:1-7 ◆ ·········· 190
55. 교역자의 전력할 것 두 가지 ◆ 행 6:4 ◆ ·········· 193
56. 은혜를 사모하자 ◆ 행 10:23-33 ◆ ·········· 198
57. 사명에 불타는 바울과 신앙에 불타는 루디아 ◆ 행 16:11-15 ◆ ·········· 201
58. 루디아의 신앙 ◆ 행 16:11-15 ◆ ·········· 205
59. 장로 성직의 신중성 ◆ 행 20:28-32 ◆ ·········· 208
60. 주는 것이 받는 것보다 복이 있음 ◆ 행 20:33-35 ◆ ·········· 211
61. 몸의 부활에 대한 바울의 논증 ◆ 행 26:1-2; 8-23 ◆ ·········· 214
62. 바울의 확신 ◆ 행 26:24-29 ◆ ·········· 217
63. 광인(狂人)으로 불리운 자의 좌표 ◆ 행 26:24-29 ◆ ·········· 220

로마서

64. 하나님을 대하여 산 자의 생활 ◆ 롬 6:10-11 ◆ ········· 224
65. 믿음에 대하여 ◆ 롬 10:9-17 ◆ ········· 227
66. 주님을 섬김에 대하여 ◆ 롬 12:11 ◆ ········· 230
67. 깨어라 ◆ 롬 13:11-12 ◆ ········· 234
68. 덕(德)을 세움에 대하여 ◆ 롬 15:1-2 ◆ ········· 237
69. 성경에 대하여 ◆ 롬 15:1-4 ◆ ········· 243
70. 덕을 세움에 대하여 ◆ 롬 15:1-4 ◆ ········· 246
71. 바울의 기도관 ◆ 롬 15:30-33 ◆ ········· 250
72. 교회 봉사의 의의(意義)와 그 방법 ◆ 롬 16:1-4 ◆ ········· 254
73. 영적 은하수 ◆ 롬 16:1-16 ◆ ········· 257

고린도전서

74. 성직자(聖職者)에 대하여 ◆ 고전 4:1-5 ◆ ········· 262
75. 충성에 대하여 ◆ 고전 4:1-5 ◆ ········· 270
76. 성직자의 충성 ◆ 고전 4:1-5 ◆ ········· 273
77. 하나님 나라의 성립 요소 ◆ 고전 4:18-21 ◆ ········· 275
78. 시험에 넘어지지 말라 ◆ 고전 10:12-13 ◆ ········· 278
79. 화평한 교회가 되자 ◆ 고전 14:26-33 ◆ ········· 281
80. 그리스도의 부활에 대하여 ◆ 고전 15:1-11 ◆ ········· 285
81. 예수 그리스도의 부활 ◆ 고전 15:3-8 ◆ ········· 288
82. 부활의 의미 ◆ 고전 15:35-58 ◆ ········· 292
83. 주님의 일을 힘쓰자 ◆ 고전 15:55-58 ◆ ········· 295
84. 주님을 사랑치 않는 자는 저주를 받음 ◆ 고전 16:21-24 ◆ ········· 298

부록: 신약편 2 (고후-계) 차례 ········· 300

마태복음
마가복음

01
성탄에 대한 사람들의 반응
◆ 마 2:1-12 ◆

그리스도의 사건들은 그 어떤 것이든지 세상 사람에게 두 가지 반응을 일으킨다. 한 가지는 신앙이요, 다른 한 가지는 불신앙이다.

1. 동방 박사들의 신앙

동방 박사들이 탄생하신 예수님을 경배하기 위하여 먼 나라에서 베들레헴으로 온 것은 신앙적이다. 그들은 진리를 탐구하려고 행동적으로 하였다. 그때에는 먼 나라에서 유대까지 찾아오려고 하면 대단한 난관이 있었다. 그 여행자들이 도중에 도적들을 만나는 일도 있고, 또한 지리적 악조건 때문에 많은 난관이 있었던 것이다. 그럼에도 불구하고 박사들이 동쪽 나라에서 유대 베들레헴까지 찾아 온 것은 비장한 결심으로 실행된 일종의 모험이라고도 생각된다. 박사들의 이와 같은 행동에서 우리가 찾아 볼 수 있는 것은 그들의 뜨거운 진리 탐구의 마음이다. 신자들은 이와 같이 간절한 진리 탐구가 있어야 신앙생활을 참되게 할 수 있다. 하나님께서는 저렇게 간절한 사람들에게 진리를 알려 주신다. 그는 돼지에게 진주를 던지지 않으신다. 이때에 그는 동방 박사들에게 특별한 별을 보여 주시므로 진리이신 그리스도에게 찾아가도록 하셨다. 벧후 2:19에 말하기를 "또 우리에게 더 확실한 예언이 있어 어두운 데 비취는 등불과 같으니 날이 새어 샛별이 너희 마음에 떠오르기까지 너희가 이것을 주의하는 것이 가하니라"고 하였다. 우리 신자들에게 있어서 주님을 간절히 사모하는 불타는 마음이 있어야 신앙생활이 참되이 이루어진다. 시 42:1에 말하기를 "하나님이여 사슴이 시냇물을 찾기에 갈급함같이 내 영혼이 주를 찾기에 갈급하니이다"라고 하였다.

이 점에 있어서 우리가 특별히 생각해 볼 점이 있다. 그것은 본문 1절의 "박사들"이란 명칭이다. "박사들"이란 말은 헬라 원어로 마고이(μάγοι)라고 하는데 사실상 이것은 이방의 점술자들을 가리킨다. 그러므로 이것을 현대의 특별한 술어인 "박사"란 말로 번역한 것은 합당치 않다고 생각된다. 그러면 문제는 하나님께서 어떻게 미신을 숭상하는 점성술자들로 하여금 점성술에 의하여 예수님을 찾아 오도록 하셨을까 하는 것이다. 예수님에게로 찾아오게 된 점술자들이 평소에 하는 점성술은 그릇된 것이다. 그것은 물론 미신이었다. 그러나 이때에 하나님께서 그들에게 특별한 별을 보여 주신 것은 그들의 점성술(占星術)을 찬성하시는 의미는 아니었다. 그때에 하나님께서 보여 주신 별은 자연성(自然星)이 아니고 초자연적으로 나타난 별이었다. 그렇다면 이때에 하나님께서 하신 일은 자연성을 가지고 잘못된 일을 하는 점술자들의 행위에 대하여 그대로 찬성하신다는 뜻은 아니었다. 이때에 나타난 별은 진리를 보여 주는 하나님의 참된 역사로 나타났다. 하나님께서는 이때에 그들의 하는 일을 초자연적으로 성화시키셨다. 옛날에 블레셋에 여호와의 법궤 때문에 재앙이 임했을 때에 블레셋의 복술자들의 계획한 방침도 여호와께서 성화시켜서 사용하신 일이 있었다(삼상 6:1-16).

하나님께서 메시야 탄생에 대한 복음을 전파하심에 있어서, 이방 사람들을 이와 같이 선두에 사용하셨다. 이것도 처음 된 자로 나중 되게 하시고, 나중 된 자로 하여금 처음이 되게 하시는 그의 의로우신 심판이다. 우리는 이 점에 있어서 또 다시 성경 다른 부분에서도 가르치는 심판의 진리를 만나보게 된다. 점술자들은 이방인들이었다. 그러나 하나님께서는 그의 말씀을 순종하지 않는 자들을 부끄럽게 하기 위하여 점술자들의 하는 일을 일시 성화시켜서 이용하신 사실이다. 하나님의 말씀을 받고도 순종치 않는 자를 하나님은 극히 미워하신다. 삼상 15:23에 말하기를 "이는 거역하는 것은 사술의 죄와 같고 완고한 것은 사신 우상에게 절하는 죄와 같음이라"고 하였다. 그리고 예수님은 말씀하시기를 "너희 생각에는 어떠하뇨 한 사람이 두 아들이 있는데 맏아들에게 가서 이르되 얘 오늘 포도원에 가서 일하라 하니 아버지여 가겠소이다 하더니 가지 아니하고 둘째 아들에게 가서 또 이같이 말하니 대답하여 가로되 싫소이다 하더니 그 후에 뉘우치고 갔으니 그 둘 중에 누가 아비의 뜻대로 하였느뇨 가로되 둘째 아들이니이다 예수께서 저희에게 이르시되 내가 진실로 너희에게 이르노니 세리들과 창기들이 너희보다 먼저 하나님의 나라에 들어가리라"고 하셨다(마 21:28-31).

2. 유대 땅에 나타난 불신앙자들의 태도

이방 사람들이 찾아와서 유대인의 왕이 났다고 할 때에 헤롯 왕과 예루살렘은 소동하였다(3절). 수천 년 기다리던 메시야께서 오셨는데 왜 그들은 기뻐하지 않았는가? 그들이 소동한 원인은 그들의 죄악 때문이었다. 언제든지 악을 행하는 자들은 빛으로 나오기를 두려워한다(요 3:19-20).

뿐만 아니라, 제사장과 서기관들은 그리스도께서 베들레헴에서 나시리라는 성경의 말씀을 잘 알고 있었지만(마 2:4-6), 그들이 친히 베들레헴으로 가지는 않았다. 그들이야말로 남은 가르치고 자신들은 그대로 살지 않는 자들이다. 그들은 "무거운 짐을 묶어 사람의 어깨에 지우되 자기는 이것을 한 손가락으로도 움직이려 하지 아니하는 자들"(마 23:4)이다.

02
별과 박사들이 보여 주는 교훈
◆ 마 2:1-12 ◆

1. 별이 보여 주는 교훈

(1) "그의 별"이 되자(2절). 그의 별이란 것은 그리스도의 소유로 되어 있는 별을 말함이다. 우리는 하나님의 것이 되어야 한다. ① 그렇게 됨이 진리에 합당함. 우리에게 있는 것은 모두 그의 지으신 것이니 그의 것이 되어야 한다. ② 우리가 그의 것이 됨으로 부패를 이김. 주의 장중에 있는 자가 범죄하지 않는다. ③ 주의 것이 되어야 주를 증거하는 데 소용이 됨. 하나님은 무엇을 빌려 쓰시는 법이 없으시다.

(2) 인도하는 일을 하는 별이 되자(9절). 박사들의 본 별은 움직였다. 우리 본문에도 "문득 앞서 인도하여 가다가"라고 하였다. 우리는 게시판과 같이 안내도(案內圖)만 되고 말면 안된다. 정통 진리를 가르쳐 주는 것만이 우리의 임무가 아니다. 우리는 우리 자신이 친히 진리대로 살아야 된다. 예루살렘의 제사장과 서기관은 게시판 노릇을 잘 하였다. 그들은 예수님의 나신 곳만 정확히 말할 뿐이었고, 별처럼 박사들을 베들레헴까지 인도하지 않았다. 진리만 말하고 진리의 생명을 찾는

데 무관심하는 것은 옳지 않다.

2. 박사들이 보여 주는 교훈

(1) 그들은 이방인들이었지만 진리를 탐문하였음. 그들은 진리의 왕의 출생지를 물어보았으며 또 자행자지하지 않고 별의 인도를 받았다. 이와 같이 그들은 진리 앞에서도 학도(學徒)였다. 요 9:41에 말하기를 "너희가 소경 되었더면 죄가 없으려니와 본다고 하니 너희 죄가 그저 있느니라"고 하였다. 하나님은 보지 못하는 자들로 보게 하신다. 그는 "나중 된 자로 먼저 되게 하고 먼저 된 자로 나중 되게"(마 20:16) 하신다.

(2) 그들은 참된 왕에게 경배하려고 먼 길을 여행하여 찾아왔음. 사람은 경배의 심리를 타고 났다(전 3:11). 그러나 그 심리는 경배할 대상을 바로 발견해야 된다. 경배의 참된 대상은 예수 그리스도이시다.

03
의를 사모하는 자가 복이 있다
◆ 마 5:6 ◆

인생이 범죄 전에 의(義)로웠으니 복이 있었고, 오는 세상에서는 의를 완전히 회복 받으니 복이 있다. 그러나 의가 없는 이 세상에도 복된 길이 있다. 그것은 의를 사모하는 것이다.

1. 의를 사모한다는 것이 무엇인가

이것은 무엇보다도 의 한 가지를 사모한다는 것이다. 주릴지언정 의롭기를 원함이다. 의는 심령이 하나님과 바르게 된 상태이다. 그것은 예수 안에서만 얻어진다.

2. 왜 복이 있는가

① 무엇이 가치 있는지 알게 된 까닭. ② 다른 요구들이 죽어버린 까닭. ③ 스스로 속은 생활에서 건짐이 된 까닭(자기가 자기를 구원할 듯이 생각함에서 구원됨). ④ 그들의 마음 속에 성령이 역사하시는 까닭. ⑤ 그들은 그리스도의 마음과 같아졌기 때문이다(그리스도는 아버지의 뜻을 행하심이

그의 양식이라고 하셨음).

3. 성경은 하나님 앞에 나아가는 자가 목마른 듯이 간절하게 나와야 할 것을 가르친다

시 42:1에 말하기를 "하나님이여 사슴이 시냇물을 찾기에 갈급함같이 내 영혼이 주를 찾기에 갈급하니이다" 하였고, 시 63:1에는 말하기를 "내가 간절히 주를 찾되 물이 없어 마르고 곤핍한 땅에서 내 영혼이 주를 갈망하며"라고 하였고, 시 143:6에는 말하기를 "내 영혼이 마른 땅같이 주를 사모하나이다"라고 하였다. 요 7:37에는 말하기를 "누구든지 목마르거든 내게로 와서 마시라"고 하였다.

04
하늘 상급을 바라보라
◆ 마 6:1-6 ◆

인간의 모든 행위는 소망 때문에 있다. 소망 없는 사람은 아무 활동도 하기 싫어한다. 그러면 우리는 무엇을 바라보아야 하는가? 우리는 하늘 상급을 바라보아야 한다. 4절에 "은밀한 중에 보시는 너의 아버지가 갚으시리라" 하였고, 6절에도 같은 말씀이 있다.

1. 사람이 주는 명예 때문에 사는 것은 사람을 하나님으로 섬기는 어리석은 일임

신자들의 신앙 수준이 아직도 사람을 하나님으로 섬기는 수준인지 아닌지는 자기가 기도해 보면 알 수 있다. 곧, 내가 사람들의 영광을 구한다면 나는 아직도 사람들을 우상으로 섬기는 자이다. 우리는 사람들의 영광을 구하지 말자. 사람을 하나님으로 삼는 죄를 어찌 범할 수 있으랴! 이사야 선지자는 말하기를 "너희는 인생을 의지하지 말라 그의 호흡은 코에 있나니 수에 칠 가치가 어디 있느뇨"(사 2:22)라고 하였고, 다윗은 말하기를 "진실로 천한 자도 헛되고 높은 자도 거짓되니 저울에 달면 들려 입김보다 경하리로다 포학을 의지하지 말며 탈취한 것으로 허망하여지지 말며 재물이 늘어도 거기 치심치 말지어다 하나님이 한두 번 하신 말씀을 내가 들었나니 권능은 하나님께 속하였다 하셨도다 주여 인자함도 주께 속하였사오니 주께서 각 사람이 행한 대로 갚으심이니이다"(시 62:9-12)라고 하였다.

2. 하나님 아버지의 상을 바라봄이 신자의 복 받을 마음 자세임

하나님은 그의 상급을 바라보는 신자를 기뻐하신다. 그러므로 하나님께서 그런 신자를 축복하신다(참조, 히 11:6). 하나님 한 분을 따르던 아브라함은 하나님 자신을 지극히 큰 상급으로 받았고(창 15:1), 하나님만 사모하던 다윗의 한평생은 환난 날에도 하나님의 보호를 받았다(시 27:4). 그는 많은 전란을 당하였고 여러 번 죽을 뻔 하였으나 끝까지 하나님의 보호를 받았다. 그는 늙도록 부하고 존귀하다가 별세하였다(대상 29:28).

마 6:24에 말하기를 "한 사람이 두 주인을 섬기지 못할 것이니"라고 하였다. 진리의 생활은 하나님만 바라보는 생활이다. 하나님만 바라보는 자가 현세에도 하나님의 축복을 받는다면 미래에는 더욱 큰 축복을 받을 것은 사실이다. 하나님만 바라보고 그와 함께한 에녹을 하나님께서 육신으로 승천케 하셨다. 하나님께서 그를 육신으로 승천시키신 것은 내세(來世)에 더 큰 축복을 주시려는 까닭이다(창 5:24). 미얀마에서 가장 먼저 선교사로 갔던 저드슨은 말하기를 "어떤 희생을 내면서라도 기도 생활을 유지해 나가라"고 하였는데, 그만큼 그는 하나님을 바라보았다. 그는 바다에서 파선 당해 죽으면서도 기뻐하였다고 한다. 아프리카에 갔던 어떤 선교사는 그곳에서 1년 동안 그 나라 말을 배우다가 별세하였다. 그는 내세의 상급을 바라보았기 때문에 임종시에 말하기를 "나는 아프리카 선교라는 큰 다리를 놓는 공사에 있어서 물 속에 깊이 잠겨 있는 돌 한 개의 역할을 하는 것으로 만족한다."라고 하였다. 이들은 다 하나님만 바라보았으므로 하나님께서 그들의 상급이 되어 주심을 믿고 기뻐하였던 것이다.

05

이렇게 기도하라(주기도문)

◆ 마 6:9-13 ◆

1. 하나님을 아버지로 아는 복된 심리

기독신자는 아버지가 있는 아이와 같다. 따라서 그의 생활에 ① 든든한 느낌을 가지게 되고 무엇보다 아버지만으로 만족한다. 그는 자기 일이 잘 됨보다 아버지의 일이 잘 되기를 원한다. 그러므로 그의 기도는 아버지 중심이다. ② 그는 "아버지여" 하는 단순한 아이의 의식을 가진다. 그는 단순성을 생명 같이 지니고 있다. 따라서 그는 사람에게 말을 많이 하지 않고 침묵한다. 그 이유는 말을 많이 하는 가운데는 간교한 거짓말도 하게 되기 때문이다. 그는 몇 마디 말을 참되이 하고 기도를 많이 한다. 그는 사람을 많이 만나지 않고 밀실(密室)에서 기도를 힘쓴다.

2. 하나님을 아버지로 모시는 강한 믿음

기독신자는 하나님더러 "아버지여" 하는 믿음을 가진다. 사람이 하나님을 "아버지"라고 부르지 못하는 것은 불신앙 때문이다. 하나님은 신자들의 아버지가 되셨다. 그가 어떻게 우리의 아버지가 되셨는가? 그가 우리의 아버지 되심은 그의 독생자 예수 그리스도께서 우리를 대신하여 죽으심으로 성립되었다. 하나님에게 대하여 "아버지"란 말을 붙이게 된 사람은 그렇게 값비싼 희생을 근거로 한 것이다. 사람이 하나님을 "아버지"라고 신념 깊이 부르지 못하는 것은 하나님의 구원 방법(속죄)을 신종(信從)하지 않고 대적하는 심리 때문이다. 스펄전(Spurgeon)은 말하기를 "흑암 중에서 그리스도를 믿으라 그리하면 광명 중에 드러나게 될 날이 반드시 오리라 죽어갈 때에 그리스도를 믿으라 그리하면 살게 되리라 네게 은혜의 사역이 느껴지지 않을 때에 그리스도를 믿으라 그리하면 은혜의 사역이 임함을 발견할 시간이 네게 오리라"고 하였다. 존 하옛트가 별세할 때에 그의 친구가 묻기를 "당신은 당신의 영혼을 예수님께 맡깁니까?"라고 할 때에 그는 대답하기를 "내가 백만 개의 영혼을 가졌다 할지라도 모두 다 주님께 맡길 수 있다"라고 하였다. 사람이 하나님과 관계를 맺음에 있어서 믿음밖에 없는 줄 알아야 된다. 그러나 사람이 그리스도를 믿으려는 데 여러 가지 방해가 있다.

첫째, 나는 아직 어린 신자니 모험적으로 믿음을 위해 힘쓸 필요 없다고 한다. 그러나 누구든지 자기가 어린 신자라고 하여 그렇게 생각하면 잘못이다. 시작이 절반이라고 하니, 시작을 잘해야 된다. 우리의 생활 기초를 반석 같은 신앙으로 해야 된다.

둘째, 어떤 사람은 생각하기를, 신앙에 들어갈 수 있게 하는 좋은 감상이나 느낌이 올 때에 믿겠다고 한다. 그것도 잘못된 생각이다. 나의 감상이나 느낌은 나를 그리스도에게 접붙여 주지 못한다. 나의 느낌이나 감상은 약한 것인데 그것이 하나님의 선물(엡 2:8)인 신앙을 대신할 수 없다. 신앙은 나의 모든 방법이 끊기운 곳에서만 발생된다. 신앙은 그저 신앙이다.

06

기독신자와 재물

◆ 마 6:19-34 ◆

1. 재물을 땅에 쌓아두지 말 것(19-24절)

예수님께서 그 제자들더러 보물을 땅에 쌓아두지 말라고 하신 이유는 거기 쌓은 재물은 마침내 없어지기 때문이다. 그와 반면에 그는 재물을 하늘에 쌓아두라고 하셨다. 재물을 하늘에 쌓아둔다는 것은 재물을 가지고 하나님을 섬기는 것을 말함이다. 이것이야말로 하나님 제일주의에 속하는 말씀이다. 구약시대 성도들도 하나님 제일주의로 물질을 취급하였다. 합 3:17-18에 말하기를 "비록 무화과나무가 무성치 못하며 포도나무에 열매가 없으며 감람나무에 소출이 없으며 밭에 식물이 없으며 우리에 양이 없으며 외양간에 소가 없을지라도 나는 여호와를 인하여 즐거워하며 나의 구원의 하나님을 인하여 기뻐하리로다"라고 하였다.

21-24절에서는 재물을 땅에 쌓아두지 말아야 할 이유 또 한 가지를 제시한다. 그것은 보물 있는 곳에 마음이 있다는 것이다. 여기 "마음"이란 말은 헬라 원어로 칼디아(καρδία)니, 그것은 인격에 있어서 뜨거

운 애정의 원천이다. 이것을 보면 하나님을 섬기는 인격의 중요한 부분이 마음이란 것을 알 수 있다. 하나님은 마음 없는 기계적 봉사를 원치 않으시고 우리 인격의 뜨거운 사랑의 봉사를 원하신다.

"눈은 몸의 등불이니 그러므로 네 눈이 성하면 온 몸이 밝을 것이요 눈이 나쁘면 온 몸이 어두울 것이니." 여기서 "눈"이란 말은 마음을 비유한다. 그리고 "성하면"이란 말은 헬라 원어로 하플루스(άπλοῦς)니 "단순함"을 뜻한다. 우리가 하나님을 섬기는 데 있어서 눈과 같은 마음을 단순하게 가짐이 절대 필요하다. 하나님은 우리의 마음을 전적으로 원하시고 그 갈라진 것을 원치 않으신다. 마귀는 우리의 갈라진 마음도 가지기를 원한다. 그러나 하나님은 우리가 마음을 전적으로 바칠 때에 기뻐하시며 함께 하여 주신다. 토마스 아 켐피스는 말하기를 "우리가 하나님을 가장 참되이 사랑하려면 깨끗하게 사랑해야 된다. 곧, 우리는 하나님을 사랑한다고 할 때에 하나님을 즐거워하는 마음으로 사랑할 것이지, 이 세상에 속한 유익을 위할 것도 아니고, 심지어 마음의 위안을 얻으려고 할 것도 아니고, 혹은 영원한 보상을 위할 것도 아니고, 다만 그의 무한하신 선과 존귀를 위해서 해야 된다"라고 하였다.

2. 의복과 식물을 위하여 염려하지 말 것(25-30절)

염려하지 않을 이유로서 여기에 두 가지로 관설되었다.

(1) 하나님께서 의복과 음식보다 더 중요한 영혼과 몸을 주신 까닭. 영혼과 몸은 어떻게 중요한가? 그것은 하나님을 섬기는 성전으로서

중요성을 가진다(고전 6:19. 참조, 잠 20:27). 사람의 인격(몸과 영혼)이 본래 창조함을 받은대로 올바로 활동한다면 만물을 정복할 수 있는 권위를 가졌다(창 1:28). 그렇다면 그에게 의복, 음식 같은 것은 문제도 되지 않는다. 그러므로 다윗은 말하기를 "내가 어려서부터 늙기까지 의인이 버림을 당하거나 그 자손이 걸식함을 보지 못하였도다"라고 하였다. 여기 이른바 "그 자손"이란 말은 의로운 자손들을 말함이다(시 37:25).

(2) 새나 백합화와 같은 자연계를 봄으로 하나님의 사랑을 깨닫는 까닭. 사도들은 자연계를 통하여 하나님의 살아계심을 느꼈으며 그의 영광을 보게 되었다. 그들은 성령의 감동을 받았기 때문에 이와 같이 된 것이었다. 사람은 심령이 어두워졌기 때문에 성령의 감동을 받지 못하면 자연계를 보고도 깨닫지 못한다. 무디 선생은 킴발의 전도를 받고 자기의 직장이었던 구두방에서 나오면서 자연계에 나타난 하나님의 사랑을 느꼈다. 하나님의 사랑을 느끼고 하나님의 사랑을 받는 자는 보통으로는 사람들 앞에서도 꼼을 받는다. 하나님이 사랑하시는 자를 인간이 해하지 못한다.

3. 결론(33절)

"너희는 먼저 그의 나라와 그의 의를 구하라 그리하면 이 모든 것을 너희에게 더하시리라." 여기 이른바 "먼저"란 말은 매우 중요하다. 하나님의 나라 곧, 그의 통치에 순종하는 것은 처음이요 나중이다. 그러므로 인간에게는 그것이 모든 문제의 해결이 된다. 그러므로 여기 "먼저"란 말이 있을 뿐이고 "다음으로"란 말이 거기에 따르지 않는다. 그것은 신자로서 언제나 먼저 할 일을 할 뿐으로 족하고 다음으로 할 일은 없다는 것이다. 다시 말하면 그는 하나님 제일주의로 모든 일을 해야 된다는 것이다. 거기에 따라서 물질은 필연적으로 받게 되어진다.

07

하루하루 살자

◆ 마 6:31-34 ◆

1. 내일을 나의 날로 생각함은 죄악이다

잠 27:1에 말하기를 "너는 내일 일을 자랑하지 말라 하루 동안에 무슨 일이 날는지 네가 알 수 없음이니라"고 하였다. 내일을 나의 날로 믿음은 하나님을 무시하는 교만(자랑)이다. 그러므로 그것은 죄악이다. 우리는 오늘 한 날을 우리의 마지막 날로 생각하고 살아야 된다. (1) 이와 같이 생각하여 사는 것은 생(生)을 비관함이 아니고, 하나님의 주권을 인식하는 낙관적(樂觀的)인 신앙이다. 이것은 하나님을 모든 것의 모든 것으로 알며, 안심하며, 기뻐하는 신앙이다.

(2) 이와 같은 시간 관념을 가진 자는 하나님께서 미래를 주실 경우 그에게 쓰이기 위하여 힘있게 준비한다. 하나님은 그를 바라보며 장래를 준비하는 자에게 갚아 주신다. 갈 6:7-9에 "스스로 속이지 말라 하나님은 만홀히 여김을 받지 아니하시나니 사람이 무엇으로 심든지 그대로 거두리라 자기의 육체를 위하여 심는 자는 육체로부터 썩어진 것을 거두고 성령을 위하여 심는 자는 성령으로부터 영생을 거두리라 우

리가 선을 행하되 낙심하지 말지니 피곤하지 아니하면 때가 이르매 거두리라"고 하였다. 신자는 이와 같이 미래를 바라보며 현재에 준비한다. 그러나 그렇다고 해서 그는 미래라는 시간을 믿는 것이 아니고, 영원토록 살아 계시는 하나님을 바라보며 믿는다.

2. 이 세상은 괴로운고로 하루하루 살자

세상은 괴롭다. 내일도 괴롭다. 내일의 평안(이 세상 평안)도 괴롭다. 그 이유는 그것들은 지나가고 마는고로 한숨만 남겨 놓기 때문이다. 어거스틴은 이 세상 생활을 가리켜서 "죽어가는 생명"(dying life)이라고 하였고, 또는 "산 죽음"(living death)이라고도 하였다. 그것은 이 세상은 죽음 투성이고, 고통 투성이라는 뜻이다. 그러므로 참된 신자는 이 세상 생존을 탐스럽게 생각지 않는다.

(1) 그는 고생 구덩이에서 하루하루 신앙을 지켜 구원을 성취할 뿐이다. 다시 말하면 그는 그날그날 이 세상에서부터 나가는 운동을 힘쓰고 있다. 이 세상 생활은 파선된 승객이 나무판자 한 개를 의지하고 육지를 향하여 가는 것과 같다. 그는 그날그날 판자를 타고 가면서 졸음이 올 때에는 쇠조각이나 혹은 칼로 자기 몸을 찌른다고 한다. 그는 육지에 도착할 노력만 한다. 그와 같이, 우리는 이 괴로운 세상에서 주님만 바라보아야 되며, 그 안에서 살도록 되어야 한다. 이와 같이 되게 하는 데 있어서 괴로움은 유익한 역할을 한다. 그러므로, 예수님은 말씀하시기를 "한 날 괴로움은 그날에 족하니라"고 하였다(34절). 바울은

말하기를 "형제들아 우리가 아시아에서 당한 환난을 너희가 알지 못하기를 원치 아니하노니 힘에 지나도록 심한 고생을 받아 살 소망까지 끊어지고 우리 마음에 사형 선고를 받은 줄 알았으니 이는 우리로 자기를 의뢰하지 말고 오직 죽은 자를 다시 살리시는 하나님만 의뢰하게 하심이라"(고후 1:8-9)고 하였다.

(2) 그는 미래의 이 세상 전망은 밝은 것으로 생각지 않기 때문에 그리스도의 재림만 바라본다. 사 21:11-12은 다음과 같이 말한다. 곧 "사람이 세일에서 나를 부르되 파수꾼이여 밤이 어떻게 되었느뇨 파수꾼이여 밤이 어떻게 되었느뇨 파수꾼이 가로되 아침이 오나니 밤도 오리라"고 하였다. 이 말씀은 현재만 아니라 미래도 밤이라는 뜻이다. 우리는 그리스도의 재림만이 우리의 소망인 줄로 알고 그것만 바라보아야 한다.

이 세상은 갈수록 어두움뿐이고 괴로움뿐이다. 우리가 이 세상에 사는 것은 마치, 나갈 수 없는 깊은 구덩이에 갇히운 것과 같다. 이 구덩이가 좋아질 때는 영원히 없다. 우리는 여기서 구출(救出)되어야 한다. 영국 어떤 금광에서 광부들이 일하다가 불이 꺼졌던 일이 있었다. 그때에 광부들은 두루 헤매었으나 깊은 갱(坑)속에서 캄캄하게 어두운데 도무지 출구를 찾을 수 없었다. 그래서 그들은 많은 애를 쓰다가 한 가지 지혜를 얻었다. 그것은 그들이 바람 들어오는 방향을 따라서 한 걸음씩 나왔으므로 마침내 구원을 받았다는 것이다. 그와 같이, 우리는 이 어두운 구덩이에서 하나님의 말씀과 성령을 따라서만 구원의 길을 찾아 간다.

08
그의 나라와 그의 의를 구하라
◆ 마 6:33 ◆

하나님의 나라는 복된 세계이기도 하다. 그러나 그 나라의 성립 요소는 하나님의 통치라는 것을 우리는 잊지 않아야 된다. "나라"란 말은 "통치"란 뜻이니, 곧, 하나님의 통치이다. 하나님의 통치를 구하는 자는 하나님께 순종하겠다고 약속함과 같다.

1. 사람은 자기 자신을 왕으로 섬겨도 안됨

그 이유는 자기가 자기 자신을 인도할 힘이 없기 때문이다. 나폴레옹도 세인트헬레나에서 슬픔과 탄식으로 일평생을 후회하다가 죽었고, 천하 대왕 알렉산더가 죽은 뒤에 그의 두 손을 상여 밖으로 내 보이며 빈 손으로 간다는 표를 나타냈다. 인생 중에 그 누가 자기 자신을 바로 인도할 수 있겠는가? 만일 사람이 자기 자신을 인도한다면 그것은 소경이 소경을 인도함이다. 자기를 무비판적으로 섬기는 자는 가장 위험한 자이다.

2. 인생은 마귀를 순종해서는 안됨

마귀는 처음부터 살인한 자요 거짓말쟁이니(요 8:44), 사람이 마귀에게 순종할 수 없다. 우리가 순종할 분은 하나님뿐이다. 마귀는 무엇을 줄 듯이 우리를 꾀이나, 그것은 우리를 멸망시키려는 목적으로 그리한다. 마귀는 속이는 자이다. 예수님을 시험할 때에는 성경으로 시험하였다. 그놈은 성경을 잘못 해석한다.

3. 우리는 하나님만 절대로 순종할 수 있음

그 이유는 하나님께서는 의(義)로 통치하여 주시기 때문이다. 그러므로 우리 본문에 "그의 의를 구하라"는 말씀이 뒷받침하고 있다. 우리는 "의"의 통치를 원해야 된다. 이와 같이 생각하는 사람으로서 알아 두어야 할 것은 (1) 자기가 범한바 모르는 죄에 대하여 하나님 앞에서 벌 받기를 원해야 된다. 늘 평안하기만 하고 괴로움을 피하려는 관념은 불의하다. (2) 하나님의 통치는 그의 의로우신 의지를 계시(啓示)하시므로 밝다는 것이다. 시 37:6에 말하기를 "네 의를 빛같이 나타내시며"라고 하였다. 그에게는 희미한 것이 없으시다. 계 1:16에 그리스도의 얼굴이 햇빛 같다고 하였다. 마 13:43에 "의인들은 자기 아버지 나라에서 해와 같이 빛나리라"고 하였다. 천국에는 밤이 없고 낮과 같이 늘 밝다고 하였으니, 이것도 의(義)의 세계를 말함이다. 그는 우리를 속이지 않으시고 모든 옳은 것을 성경에 보여 주셨다. 우리가 이대로 사는 것은 빛 가운데 사는 것 같아서 담대하여지며(하나님이 동행하시므로) 소망 중에 기뻐하게 된다. 그러나 우리가 한 가지 알아야 되는 것은 하나님의 말씀을 지킨 보상은 적당한 시간이 지난 후에야 온다는 것이다. 시간은 하나님이 사람을 시험하시는 시금석(試金石)이다. 시간은 어떤 의미에서는 우리의 인격에 대한 심판 척도이다.

그러면 하나님의 말씀은 의(義)의 길이다. 밝은 길이다. 열 가지면 열 가지가 다 금생 내세의 참된 삶의 길을 보여 준다. 하나님의 말씀은 어떤 이상한 것을 위주하여 가르치지 않고 보통 생활의 행위법을 보여 주어 거기 순종하는 자들로 하여금 초자연적인 사실들도 체험하게 한다.

우리는 일상 생활에 있어서 평범한 일들을 무시하면 안된다. 그 일들은 하나님께서 벌써 우리에게 주신 것이니, 그의 영광을 위하여 우리가 충성할 때에 하나님께서 기뻐하신다. 심판 때에도 주님께서 우리에게 요구하실 것은 적은 일에 대한 충성이다(마 25:21). 눅 16:10에 말하기를 "지극히 작은 것에 충성된 자는 큰 것에도 충성되고 지극히 작은 것에 불의한 자는 큰 것에도 불의하니라"고 하였다. 우리가 매일 당면하는 평범한 일에서 하나님의 말씀대로 순종하면 하나님께서 그것을 귀하게 보시고 기적적인 은혜로 우리에게 부어 주신다.

09

백부장의 신앙과 예수님의 평가

◆ 마 8:5-13 ◆

1. 백부장의 겸손한 마음

예수님께서는 백부장의 청원을 들으시고 그의 집에까지 가셔서 그의 하인의 병을 고쳐 주시겠다고 하셨다. 그때에 백부장은 대답하기를 "주여 내 집에 들어오심을 나는 감당치 못하겠사오니 다만 말씀으로만 하옵소서"라고 하였다(8절). 백부장은 이 말로써 자기 처지의 저열함을 고백하였다. 많은 사람들이 자기의 부족을 느낄 줄 모르고 최고의 은혜를 받고자 한다. 사람이 자기의 부족은 알지 못하고 은혜를 탐하기만 하면 안된다. 그는 먼저 자기 자신을 바로 알아야 한다. 그리고 그는 하나님 앞에서 겸손한 마음으로 주님을 사모해야 한다.

2. 백부장은 하나님 말씀의 위력을 느꼈음

백부장은 말하기를 "다만 말씀으로만 하옵소서"라고 하였으니(8절), 이 말에 그의 위대한 신앙이 나타났다. 사람이 하나님 말씀의 위력을 실감 있게 느끼는 것은 필요하다. 이와 같은 느낌은 언제 일어나는가?

그것은 하나님께서 은혜 주실 때에만 생기는 것이다. 사람이 하나님의 말씀을 많이 듣고 감사하지 않으면 그의 심리는 말씀에 대하여 심상하여진다. 그러나 그가 말씀을 귀히 여겨서 그대로 살려고 힘쓰면 하나님께서 은혜를 주셔서 그 말씀의 위력을 알게 된다.

3. 예수님의 평가

예수님의 평가는 여기에 세가지로 나타났다. (1) 그가 백부장의 믿음과 같은 믿음을 다른 데서는 만나보지 못했다는 것(10절). 예수님을 감히 영접할 수도 없다고 자기를 낮추는 마음 속에 이런 큰 믿음이 생긴 것이다. 하나님께서는 스스로 되었다고 생각하여 마음이 굳어진 자에게 은혜를 주시지 않는다. 잠 21:29-31에 말하기를 "악인은 그 얼굴을 굳게 하나 정직한 자는 그 행위를 삼가느니라 지혜로도, 명철로도 모략으로도 여호와를 당치 못하느니라 싸울 날을 위하여 마병을 예비하거니와 이김은 여호와께 있느니라"고 하였다. 이 말씀은 사람이 자기의 주장을 세우고 스스로 만족하는 교만을 책망하는 말씀이다.

(2) 예수님께서는 그때 유대인들보다 도리어 이방인들 가운데서 구원받을 자가 많을 것을 말씀하셨다. 이때에 백부장은 로마 사람으로서 자기가 하나님께 가장 가깝다는 생각을 가져본 적이 없었다. 그것은 그때에 모든 유대인들의 사고 방식과 다른 것이다. 유대인들은 자기들만이 하나님과 가장 가깝다는 종교적 교만을 가졌었다. 그것은 도리어 천국에서 멀리 떨어진 어두운 생각이다. 그것은 하나님을 전혀 모르는

이방 사람만도 못하다.

 (3) 예수님께서 백부장더러 "네 믿음대로 되라"고 말씀하셨다. 그것은 백부장의 믿음이 진실하였음을 보여 주며, 믿음이 만능이란 것을 알려주시기도 한다. 우리의 믿음은 예수님께서 "네 믿음대로 되라"고 하실 때에 과연 그렇게 될 수 있는 참 믿음인가? 우리는 주님을 믿는 데 있어서 무엇보다도 진실해야 되며, 그 믿는 사실이 확실해야 된다.

10
주님을 따르는 자의 영적 긴장
◆ 마 8:18-22 ◆

이 부분 말씀은 예수님을 따르려는 두 사람에게 적절하게 주신 예수님의 교훈을 보여 준다. 여기 예수님을 따른다는 것은 실상 그를 믿음이다. 그런데 그때에 그 두 사람이 다 마음 준비없이 예수님을 따르고자 하였으니 그것은 무모한 일이었다. 이와 같은 일에 대하여 예수님께서 눅 14:28-32에도 유사한 교훈을 주셨다. 우리가 그리스도를 믿는 일에 있어서 결실이 있어야 되는데 그것은 각오가 있게 따라가야 하는 것이다. 그것은 긴장미 있게 실행되어야 한다.

1. 머리 둘 곳 없음을 느끼는 긴장

서기관 한 사람은 예수님의 위대하심을 알고 어디든지 그를 따르겠다고 하였다. 그는 예수님을 따르는 데 있어서 고난도 있고 희생도 있음을 내다보지 못하고 쉽게 호언 장담하였던 것이다. 그때에 예수님께서 말씀하시기를 "여우도 굴이 있고 공중의 새도 거처가 있으되 오직 인자는 머리 둘 곳이 없다"(20절)고 하였다. 이 점에 있어서 우리가 생각할 것이 있다. 곧, 만물이 그리스도의 것인데 그는 이렇게까지 자기를 낮추신 사실이다.

그가 저렇게 가난해지신 원인은 무엇인가? 그는 자연주의자도 아니었다. 자연주의자는 사회 생활을 무시하고 자연을 친구로 삼고 가난한 생활을 거룩하게 여긴다. 서양의 디오게네스는 가정도 가지지 않고 비좁은 나무 궤짝에서 홀로 거처하였다. 동양의 노자(老子)와 장자(莊者) 등도 무위자연(無爲自然)을 즐기고 살았다. 그러나 예수님은 사회나 경제를 무시하신 것이 아니고 그것을 중요시 하였다. 그는 일을 하시지 않으셔서 가난하신 것도 아니었다. 그는 음식 잡수실 시간도 없을 만큼 일에 열중하셨고, 하나님을 순종하심에 있어서도 그는 하나님의 정하신 시간을 어기지 않으시고 순종하셨다. 그는 무수한 고난을 받으시며 일하셨다. 따라서 하나님 아버지는 그에게 천지 만물을 주셨다 (요 3:35; 13:3). 그러나 그는 그것을 모두 다 신자들에게 주셨다(고전 3:21; 롬 8:32). 고후 8:9에 말하기를 "우리 주 예수 그리스도의 은혜를 너희가 알거니와 부요하신 자로서 너희를 위하여 가난하게 되심은 그의 가난함을 인하여 너희로 부요케 하려 하심이니라"고 하였다.

우리 신자들도 재물에 대하여 예수님의 정신과 같이 행할 때에 믿음이 장성하고 하나님께 영광을 돌리며 하나님께 축복을 받는다. 곧, 우리는 수입의 다소를 물론하고 그것이 하나님의 것인 줄 알고 우리 자신은 그것을 맡아 처리하는 청지기가 되어야 한다. 우리의 신앙은 돈을 사랑하는 따가운 욕심 때문에 약하여지며 장성하지 못한다. 그 이유는 돈을 사랑함이 일만 악의 뿌리가 되기 때문이다(딤전 6:10). 이와 같은 성경적 진리대로 사는 자가 하나님의 축복을 받아 부요해질 수도 있고, 신앙도 더욱 자라게 된다. 하나님께서는 그런 올바른 청지기에게 물질을 더 많이 맡기실 것이다. 고후 9:7에 말하기를 "하나님은 즐겨 내는 자를 사랑하시느니라"고 하였다. 잠 11:24에 말하기를 "흩어 구제하여도 더욱 부하게 되는 일이 있나니 과도히 아껴도 가난하게 될 뿐이니라"고 하였다.

2. 생사 문제를 걸고 달음질 하는 신앙

또 한 사람은 부친을 장사한 뒤에 와서 예수님을 따르겠다고 하였다. 그때에 예수님은 말씀하시기를 "죽은 자들로 저희 죽은 자를 장사하게 하고 너는 나를 좇으라"고 하였다. 부친을 봉양하다가 장례까지 치루겠다는 것은 옳은 일이다. 그것이 자식된 도리이다. 예수님은 그 일 자체를 반대하시지 않으셨다. 그는 다만 그 일을 할 만한 사람들이 있다는 것뿐이다. 혹 그 사람의 동생이었는지, 혹 다른 가족이었는지 우리는 알 수 없다.

그들은 예수님을 믿지 않는 사람들이었다. 이런 의미에서 그들은 "죽은 자들"이란 명칭을 받았다. 그들은 허물과 죄로 죽었다(엡 2:1). 그들이 땅위에서 아무리 재미 있게 가정을 이루고 잘 살아도 그것은 마침내 죽음으로 끝나고 만다. 그러나 예수를 믿는 자는 살았다. 그들은 하나님으로 산다. 물 가운데 있는 고기더러 "물이 있는가?" 물으면 그들은 "있다"고 할 것이다. 그 이유는 그것들은 물로 말미암아 살기 때문이다. 공기를 호흡하는 사람에게 "공기가 있는가?" 하면 그들은 똑같은 방식으로 대답하기를 "있다"고 할 것이다. 우리 기독신자들은 살았다. 그 이유는 우리가 하나님을 알기 때문이다. 하나님이 계신 사실을 우리가 어떻게 아는가? 그것은 우리가 하나님으로 살기 때문에 안다. 우리가 각각 신앙 체험의 정도는 다르지만, 참으로 하나님으로 산다. 우리는 주님을 믿지 않고는 못 살 사람들이다.

그러면 우리는 이제 생각해 보자. 주님을 믿지 않는 생활은 아무리 필요한 것이라도 죽음을 벗어나지 못한다. 그러나 우리 신자들은 산 자들이니, 얼마나 큰 축복을 받았는가? 그러므로 우리는 생사 문제를 걸고 긴장미 있게 주님을 따라가야 된다.

11
복음 증인의 자격
◆ 마 10:16-23 ◆

1. 뱀과 같이 지혜로울 것(16절)

뱀은 지혜 있다. 시 58:4을 보면 "귀를 막는 귀머거리 독사"가 있다고 한다. 그것은 술사가 뱀을 유혹하는 소리를 낼 때에 그 소리를 듣지 않으려고 귀를 막는 뱀이다. 하나님께서 본래 창조하신 뱀(창 3:1) 곧, 범죄 전 뱀은 선하였으니만큼, 우리가 그 지혜를 모본할 만하다. 그러므로 예수님은 우리에게 그것의 지혜를 모본하라고 하신다. 이 점에 있어서 우리가 다시 생각할 것은 예수님께서 하나님의 지혜를 본받으라고 하시지 않고 왜 뱀의 지혜를 본받으라고 하셨을까? 그것은 문제될 것 없다. 예수님은 우리에게 만물 중에서도 배우라고 말씀하신 바 있다. 곧 "공중의 새를 보라"(마 6:26) 하신 말씀이나 "들에 백합화가 어떻게 자라는가 생각하여 보라"(마 6:28)고 하신 말씀이 그와 같은 것들이다. 그러면 지혜는 무엇인가? 그것은 실상 깨어 있음을 말함인데 하나님께 대하여 깨어 있음이다.

(1) 하나님의 살아 계심을 아는 지혜. 그것은 잠 1:7이 가르쳐 주었으

니, 곧 하나님을 두려워해야 될 것을 앎이다. 그것은 믿음의 지혜이다. 많은 사람이 하나님을 몰라 본다. 그러나 참 지혜는 보이지 않는 하나님을 알며, 보이지 않는 미래의 소망을 바라보며, 보이지 않는 천국을 본다. 뿐만 아니라, 참 신앙대로 행할 때마다 일은 이루어지는 법이다. 그러므로 신앙은 지혜라고 할 수 있다. 그러므로 신앙에 충만한 자를 지혜에 충만한 자라고 하였다(행 6:3, 10). 신자의 처세는 하나님을 두려워하는 처세이다. 그는 한 걸음씩 하나님을 두려워하는 마음으로 움직인다. 사람이 캄캄한 밤중에 계단을 걸어 내려가려면 조심하여 한 걸음씩 가만가만 더듬어 조심하여 내디딘다. 또 엷은 얼음판을 건너가는 사람도 한 걸음씩 조심스럽게 발을 옮겨 놓는다. 신자의 처세도 그러해야 된다. 그는 한 걸음씩 한 걸음씩 하나님을 두려워하는 걸음걸이만 한다.

(2) 하나님의 사랑을 아는 지혜. 사람들이 하나님의 사랑을 받으나 그것을 아는 자는 적다. 그 이유는 하나님의 사랑은 깊은 것이기 때문이다. 자녀들이 부모의 사랑의 깊이를 모름과 같이, 우리가 하나님의 사랑의 깊이를 모르는 때가 많다. 예수님은 그 제자들이 전도하는 중에 하나님의 간섭과 사랑을 깨닫기를 원하셨다. 그것은 다음과 같은 일들로 나타난다고 하셨다. 곧, 그들이 사람들에게 잡혀 채찍질 당함이 된다는 것(18절), 총독들과 임금들 앞에 끌려간다는 것(18절), 성령이 그들에게 대답할 말을 주신다는 것(20절), 가족들이 서로 대적한다는 것(21절) 등이다. 그의 제자들은 이런 일들을 보고서 하나님의 간섭이 그들의 전도 운동에 함께하신다는 것을 깨달아야 할 것이었다. 뿐만

아니라, 그들이 그런 일들을 통하여 하나님의 사랑도 깨달아야 된다고 하신 셈이다.

2. 비둘기같이 순결할 것(16절)

(1) 순결이란 것은 이중 인격이 없고 성실하므로 믿음직한 인격을 말한다. 노아가 방주에서 육지에 물이 말랐는지 알기 위하여 비둘기를 내어 보냈을 때에 처음에는 거저 돌아오고, 두 번째는 그 입에 감람나무 새 잎사귀를 물고 돌아왔다. 그리고 세 번째는 그 새가 도무지 돌아오지 않았다. 이와 같이 비둘기는 노아를 위하여 완전한 봉사를 하였다. 그것은 비둘기의 순결함을 보여 준다(창 8:8-12). 그러므로 모든 새들 중에서 비둘기만은 제물로 사용되었다. 신자의 순결의 덕은 하나님만 사랑하고 두 주인을 섬기지 않는 생활이다.

(2) 비둘기는 남을 해롭게 하지 않는다. 그것이 역시 순결이다. 그것은 평화를 사랑하는 덕 곧, 온유이다. 이런 의미에서 성령도 비둘기 모양으로 나타나신 바 있었다(마 3:16). 평화는 순결과 서로 떠나지 못할 관계를 가지고 있다. 평화가 없는 자리에는 순결이 배양될 수 없다. 그러므로 히 12:14에 말하기를 "모든 사람으로 더불어 화평함과 거룩함을 좇으라 이것이 없이는 아무도 주를 보지 못하리라"고 하였다. 성 버나드는 중세대에 가장 빛나는 성자 중 한 사람이었다. 그는 극히 온유한 생활을 힘썼기 때문에 그의 눈이 비둘기 같았다고 전해진다.

그의 제자 성 말라기는 역시 온유를 힘썼기 때문에 그의 죽은 후에

버나드는 말하기를 "말라기는 살았을 때에 죽은 자와 같았고, 죽은 후에는 산 자와 같다"고 하였다. 그만큼, 그의 생활은 평화로웠다. 비둘기는 또한 고독을 좋아하지 않고 함께 무리를 지어 살기를 좋아한다. 그것이 역시 평화를 사랑하는 성질이다.

(3) 비둘기는 깨끗한 먹이를 섭취한다. 다시 말하면 더러운 벌레 같은 것을 먹지 않고 깨끗한 곡식을 먹는다. 이것이 역시 순결한 성질이다. 그와 마찬가지로 신자들도 깨끗한 하나님의 말씀을 사랑하여 섭취한다. 시 119:140에 말하기를 "주의 말씀이 심히 정미하므로 주의 종이 이를 사랑하나이다" 하였고, 시 12:6에는 말하기를 "여호와의 말씀은 순결함이여 흙 도가니에 일곱 번 단련한 은 같도다"라고 하였다. 그들이 이와 같이 순결한 말씀을 좋아하는 이유는 그 말씀 맛이 곧바로 하나님의 맛이기 때문이다. 신자들은 하나님의 말씀을 먹으므로 순결하여진다.

(4) 결론. 성경을 보면 순결의 덕을 소유한 자가 하늘나라와 잘 통한다. 그는 ① 이 세상에서도 하나님을 볼 수 있음(마 5:8). ② 순결한 양심의 소유자라야 신앙을 보존할 수 있음(딤전 3:9). 만주에서 신앙을 지킨 최 한기 전도사는 신사참배 문제로 경찰에 취조를 당하면서 다소 타협적인 시말서를 썼다. 그러나 그가 한 3마일쯤 걸어 나오다가 되돌아가서 그 문서를 고치고 마침내 그 문서 때문에 옥고(獄苦)를 당하게 되었다. 이런 것이 양심의 순결을 지킨 모범이다. ③ 순결한 자가 영광의 주님을 만나본다(요일 3:3).

12

밭에 감추인 보화를 사라

◆ 마 13:44 ◆

1. 천국은 감추인 보화와 같음

(1) 사람의 영적 지각은 죽었기 때문에(엡 2:1) 천국을 알지 못한다. 이는 마치, 사람이 냄새 맡는 취각 신경이 마비된 뒤에는 냄새를 맡지 못함과 같다. 박쥐가 밤에는 잘 보지만 낮에는 보지 못한다. 그러므로 신자는 성경과 성령으로 말미암아서만 천국을 안다. 나이아가라 폭포를 밤중에 보려면 전지(電池)를 가지고야 볼 수 있음과 같다. 천국은 이 세상에서는 감추어져 있다. 부흥가 빌리 선데이는 야구 선수로서 하나님을 몰랐다가 후에 회개하고 크게 은혜를 받았다. 그와 함께 야구 선수로 있던 열 명의 친구들은 회개하지 않고 그럭저럭 살다가 다 죽었다. 살후 3:2에 말하기를 "믿음은 모든 사람의 것이 아님이라"고 하였다.

땅 위에는 머리 좋은 사람들이 많다. 그러나 그들 중에도 천국을 모르는 사람이 많다. 도리어 그들이 더 모른다. 그 이유는 하나님께서 천국을 슬기 있는 자들에게는 숨기시고 도리어 어린아이들에게는 나타내시기 때문이다(마 11:25). 이것은 일종 심판이라고 할 수 있다. 요 9:39

에 "예수께서 가라사대 내가 심판하러 세상에 왔으니 보지 못하는 자들은 보게 하고 보는 자들은 소경 되게 하려 함이라"고 하였다.

(2) 그런데 이 보화가 감추인 것은 하나님의 사랑을 보여 준다. 하나님께서 구원을 누구에게나 다 주신 것이 아니다(마 13:11-13). 그는 천국을 주실 자에게만 주시려고 그것을 감추셨다. 그것은 창세 전에 택하심을 받아 성경 말씀과 성령을 잘 받는 자들만이 받도록 된다. 구원은 이와 같이 전능하신 하나님이 그 택하신 자를 그가 친히 구원하시는 것이기 때문에 참된 구원이다. 만일 구원이란 것이 사람의 소욕과 사람의 힘으로 이루어지는 것이라면 그것은 또 다시 파괴될 것이다. 그러나 철두철미 하나님의 사랑과 능력으로 성취되는 구원에 대하여는 우리가 절대의 안전감을 가진다. 그 구원은 하나님 자신과 같이 영원무궁하고 하나님 자신과 같이 복되다.

(3) 그러므로 이런 구원을 얻는 자는 기뻐한다. 그는 환난 때에 더 기뻐할 처지에 있다. 리빙스톤은 30년 동안 아프리카에서 선교하고 임종시에 그의 일지(日誌)에 쓰기를 "예수는 나의 왕이요, 나의 생명이요, 나의 전부가 되신다"라고 하였다. 그리고 사무엘 루더포드는 가장 큰 기쁨의 편지들을 옥중에서 썼다.

2. 소유를 다 팔아서 보화를 산다는 의미

천국의 중점은 하나님의 "의"이다(벧후 3:13). 마 6:33에 말하기를 "너희는 먼저 그의 나라와 그의 의를 구하라"고 하였으니 "그의 나라"(하나님의 나라)란 말이 먼저 나오고, 그 뒤에 "그의 의"(하나님의 의)란 말이 나왔다. 이 구절이 가르친 것은 천국을 구함이 곧 하나님의 의를 구함과 같다는 것이다.

그러면 하나님의 의를 어떻게 구해 얻는가? 그것을 우리 본문(마 13:44)이 보여 준다. 곧, 자기의 소유를 다 팔아야 되는 것이다. 이 세상의 모든 부조화(不調和)와 죄악은 사람들의 소유권 의식(所有權意識)이 바르지 못한 데서 생겨난다. 가정 문제에도 그렇고, 사회 문제에도 그렇다. 법정에 있는 투쟁은 모두 다 그 문제이다. 그보다도 모든 죄악의 원인은 사람들의 소유에 대한 하나님의 권리를 그들이 인정하지 않는 데서 발생한다. 그들은 마땅히 자기들의 소유물에 대한 권리를 포기하고 하나님께 그 소유권을 돌려 드려야 된다. 그렇게 함이 "소유를 다 팔아"란 말의 의미이다. 사람들이 이와 같이 할 때에 "하나님의 의"(모든 것에 대한 하나님의 소유 주장의 정당성)가 그들의 모든 생활에 관철된다. 그들이 그렇게 할 때에 그들은 그들의 소유를 "하나님의 의"와 바꾸어 가진다. 이것이야말로 모래를 주고 금을 받는 큰 이익이다.

우리는 우리 자신의 의(모든 것에 대한 소유권 주장)를 포기하자. 우리의 의는 더러운 옷과 같다(사 64:6). 우리가 우리 자신의 의를 주장하는 동안 하나님의 의(천국)를 받을 수 없다. 누구든지 자기 자신의 의를 주장한다면 그는 천국에 합당하지 않다. 천국에서는 "나는 죄인이라"는 자를 언제나 환영한다. 스스로 의롭다는 자들보다 먼저 세리들과 창기들이 하늘나라에 들어간다고, 예수님은 말씀하셨다(마 21:31).

우리는 모든 것에 대한 우리의 소유권을 포기하고 그것을 하나님께 드리므로 하나님의 의를 받도록 하자. 그것이 구원이다.

13

값진 진주를 사는 자

◆ 마 13:45-46 ◆

진주는 천국과 관련되어 있다(계 21:21).

1. 구하는 자가 만남

천국에 들어갈 신자는 구하는 심리를 가져야 한다. 신자들 중에는 구하는 믿음 없는 자들이 많다. 부모가 신자이므로 부모를 따라 교회에 다님과 또 활동과 교제를 위하여 다님은 구하는 자의 심리라고 할 수 없다. 베뢰아 사람도 은혜를 사모하였다. 행 17:11-12에 말하기를 "베뢰아 사람은 데살로니가에 있는 사람보다 더 신사적이어서 간절한 마음으로 말씀을 받고 이것이 그러한가 하여 날마다 성경을 상고하므로 그 중에 믿는 사람이 많고"라고 하였다. 에디오피아 내시는 은혜를 사모하여 수레를 타고 가면서 성경을 읽었다.

예수님은 진주를 돼지에게 던지지 말라고 하셨다. 돼지는 은혜를 사모하지 않는 자의 표상이다. 그것은 습성이 불결하여 씻었다가 더러운 구덩이에 도로 눕는다. 그 짐승과 같은 사람은 하나님을 위하여 성결을 사모하는 신자와 반대된다. 그 짐승은 영양가 없는 것을 먹는다 (눅 15:16-17). 신자들이 성결을 사모하는 구체적 방법은 하나님의 말씀의 깊은 것을 사모하는 것으로 실현된다. 히 5:12-14에 말하기를 "때가 오래므로 너희가 마땅히 선생이 될 터인데 너희가 다시 하나님의 말씀의 초보가 무엇인지 누구에게 가르침을 받아야 할 것이니 젖이나 먹고 단단한 식물을 못 먹을 자가 되었도다 대저 젖을 먹는 자마다 어린아이니 의의 말씀을 경험하지 못한 자요 단단한 식물은 장성한 자의 것이니 저희는 지각을 사용하므로 연단을 받아 선악을 분변하는 자들이니라"고 하였다.

여기 말씀한대로 우리가 단단한 식물을 먹으려면 우리가 말씀대로 사는 연단을 받아야 된다. 그것은 내 마음에 느낌이 없으되 먼저 하나님의 말씀대로 당면한 사건을 처리하므로 되어진다. 먼저 그렇게 객관적으로 하나님의 말씀을 의지하여 행하면 내 마음에 빛이 임하며 힘도 온다.

2. 상인과 같은 신자의 명견(明見: 앞의 일을 잘 내다봄)

우리 본문에 기록된 상인은 신자를 비유한다. 그는 "극히 값진 진주"를 알아 보았다. 신자들도 이를 본받아야 된다. 신자들도 천국의 보배로운 진리와 사실들에 있어서 무엇이 값진 것인지 평가할 줄 알아야 된다. 모세나 바울은 그런 신자들이다. 히 11:24-26에 말하기를 "믿음으로 모세는 장성하여 바로의 공주의 아들이라 칭함을 거절하고 도리어 하나님의 백성과 함께 고난 받기를 잠시 죄악의 낙을 누리는 것보다 더 좋아하고 그리스도를 위하여 받는 능욕을 애굽의 모든 보화보다 더 큰 재물로 여겼으니 이는 상 주심을 바라봄이라"고 하였다. 바울은 빌 3:7-9에 말하기를 "내게 유익하던 것을 내가 그리스도를 위하여 다 해로 여길 뿐더러 또한 모든 것을 해로 여김은 내 주 그리스도 예수를 아는 지식이 가장 고상함을 인함이라 내가 그를 위하여 모든 것을 잃어버리고 배설물로 여김은 그리스도를 얻고 그 안에서 발견되려 함이니 내가 가진 의는 율법에서 난 것이 아니요 오직 그리스도를 믿음으로 말미암은 것이니 곧 믿음으로 하나님께로서 난 의라"고 하였다.

14
적은 믿음에 대하여
♦ 마 14:22-33 ♦

우리는 우리의 믿음이 적지 않은 것같이 생각해도 세상 풍파를 당해보면 믿음이 적은 자로 드러난다. 그러므로 스스로 된 줄로 아는 것은 스스로 속는 것이다. 베드로는 배 안에 있다가 예수님이 물 위로 걸어오시는 것을 보고 그를 향하여 모험적으로 물 위로 내려섰다(물론 "오라"고 하신 주님의 허락이 있었음). 그러나 그가 바람을 보고 무서워하는 순간 그의 몸은 물 속에 빠져들어 갔으므로 주님께 도움을 구하였다. 예수님은 즉시 손을 내밀어 베드로를 붙잡으시며 말씀하시기를 "믿음이 적은 자여 왜 의심하였느냐"라고 하셨다. 베드로는 이때에 적은 믿음의 소유자로 판명되었다. 그러면 이 점에 있어서 우리는 적은 믿음에 대하여 살펴보자.

1. 적은 믿음의 단절
적은 믿음을 소유한 자는 하나님의 약속을 기다리지 못하고 조급하게 덤빈다. 그는 예수님이 찾아오심을 기다려보지 못했다. 뿐만 아니라 그는 예수님을 바라보는 데 있어서 정착성(定着性)이 없고 쉽게 요동한다. 베드로는 예수님을 끝까지 바라보지 못하고 자기 주위의 바람 때문에 태도를 바꾸었다.

2. 적은 믿음에서도 인정될 만한 장점들

① 믿음이 아무리 적어도 그것은 하나님의 선물임. ② 적은 믿음의 소유자라도 간단한 말로써 기도함. 베드로는 "주여 나를 구원하소서"라고 하였다(30절). 그의 이 기도가 비록 간단하지만 신앙의 표현이다. 그는 배 안에 있는 다른 제자들에게 구원을 요청하지 않았다. 그는 어디까지나 예수님을 찾았다. 믿음이 적을지라도 기도를 간절히 할 수 있다. ③ 적은 믿음의 소유일지라도 그 난관에서 하나님의 도우심을 받음. 예수님께서 베드로를 건지시되 그가 물에 빠져 들어가기 시작할 때 즉시 손을 내밀어 그를 구원하여 주셨다(31절). 하나님은 적은 믿음의 소유자라도 버려두시지 않는다. 믿음은 헛되지 않다. 적은 믿음이라도 하나님은 인정해 주신다. 어떤 여인은 자기 남편이 예수 믿게 되기를 위하여 10년 동안 매일 세 번씩 기도하였다. 그러나 도무지 응답이 없으므로 그 기도를 중단하였다. 그런데 놀라운 것은 그가 기도를 그친 그 날에 그의 남편이 회개하고 예수님을 영접하였다는 것이다.

3. 적은 믿음은 꾸지람을 받게 됨

예수님은 베드로를 향하여 "믿음이 적은 자여 왜 의심하였느냐"라고 말씀하셨다. 이 말씀의 중점은 "왜"란 글자에 있다. 물과 기름이 섞일 수 없음 같이 우리가 믿음과 의심을 함께 가질 수 없다. 믿을 만한 이유가 충분하여 믿었는데 왜 의심하는가?

4. 우리의 적은 믿음을 강화하는 방법

① 세상 그늘에서 떠날 것. 이 세상을 의지하고 애착하는 한(限) 주님을 굳게 믿을 수 없다. ② 말씀 섭취의 생활을 유지할 것. "믿음은 들음에서 나며 들음은 그리스도의 말씀으로 말미암았느니라"고 하였으니(롬 10:17), 하나님의 말씀을 언제나 사모하여 받아야 된다. 곧, 그 말씀을 읽고 듣고 지켜야 된다. ③ 곤란한 일을 감수할 것. 하나님의 말씀을 지키기 위하여 당하게 되는 어려움을 잘 견디어야 한다. ④ 주님의 영광과 운명을 같이할 것. 하나님은 그의 영광을 위하여 생사를 결단하는 자와 동행해 주신다. 그런 신자에게는 하나님의 능력이 나타난다. 중국 푸저우(福州) 지방에 워치만 니(Watchman Nee)라는 신자가 있었다. 그가 위라는 16세 소년을 데리고 남지나(南支那)의 어떤 섬에 전도하러 간 일이 있었다. 하루는 위가 혼자 전도하다가 섬 사람들과 변론이 일어났다. 그 섬 사람들의 말은, 자기들은 대왕신(大王神)을 섬기기 때문에 예수를 안 믿겠다는 것이었다. 그들의 말에 의하면 그들이 286년 동안 대왕신을 섬겨오는 중 해마다 그 신에게 제사하는 날에는 비가 내린 일이 없었다는 것이었다. 그래서 그들은 대왕신이야말로 참신이라고 하였다. 그때에 위는 그들에게 묻기를 "금년에는 어느 날이

제사일입니까?" 하였더니 그들은 대답하기를 "그것은 점을 쳐서 정하는 것인데 금년에는 정월 열 하루이다."라고 하였다. 그때에 위는 말하기를 "그 날에 틀림없이 비가 옵니다."라고 하였다. 그들은 대답하기를 "만일 그 날에 비가 온다면 너희 하나님이 참 하나님이다."라고 하였다. 위는 워치만 니에게 돌아와서 그 사실을 보고했다. 그래서 두 사람은 기도하기 시작하였다. 과연 제사하는 날에 큰 비가 내렸다. 그 때에 그 섬 사람들은 점을 다시 치고 말하기를 "지난 점괘는 잘못된 것이었고 이번이 맞는데 정월 열 나흘이며 그 날 오후 6시에 제사 드린다."고 하였다. 이 말을 들은 워치만 니는 확신을 가지고 그 날에 비가 내리기를 다시 기도하였다. 과연 그 시간에 비가 내렸으므로 그 후부터는 섬 사람들 중 많은 사람이 주님께로 돌아왔다고 한다.

15

누가 바리새교인인가

◆ 마 23:13-27 ◆

바리새인이란 다른 사람이 아니라 다음과 같은 사람들이다.

1. 자기도 천국에 들어가지 않고 남도 못 들어가게 하는 자(13절)

이것은 눅 11:52에 의하여 해석된다. 곧 자기도 진리를 모르면서 선생이 되어 남들에게 진리를 바로 가르쳐 주지 못하는 자이다. 진리를 모르는 원인은 주님을 전심으로 따르지 않으며 그 말씀에 순종하지 않는 데 있다. 주님을 전심으로 따르지 않는 자는 언제나 그 심령이 어둡다(마 5:8; 6:22-24).

2. 사업주의에 강하고 성화(聖化)에 무관심한 자(15절)

대교파주의, 대사업주의 등을 생각하면서도 자기 자신의 성화와 맡겨 주신 양 떼의 한 사람 한 사람의 영혼을 진리로 양육하는 일에 등한히 하는 것은 오늘날 교계의 결점이 아닐 수 없다.

3. 대소(大小)와 경중(輕重)을 바로 분변하지 못하는 자(16-27절)

바리새인들은 성전보다 성전 안에 있는 금을 존중히 하였고, 제단보다 제단 위에 있는 예물을 존중히 하였다. 뿐만 아니라 그들은 십일조를 존중히 한다고 하면서 그보다 더 중한 의(義)와 인(仁)과 신(信)은 버렸다. 대소와 경중을 바로 분변하는 것은 참된 신앙 생활에 있어서 근본적인 중요성을 가진다. 성전 안에 있는 금보다 성전이 더 중요하니, 성전을 확보할 때에 그 안에 있는 금도 따라온다.

예수님의 교훈은 언제나 종교 문제에 있어서 대소와 경중에 대하여 바로 분변하고 행하기를 고조하셨다. 그러므로 그는 말씀하시기를 "너희는 먼저 그의 나라와 그의 의를 구하라 그리하면 이 모든 것을 너희에게 더하시리라"(마 6:33)고 하셨고, 또 "예물을 제단에 드리다가 거기서 네 형제에게 원망들을 만한 일이 있는 줄 생각나거든 예물을 제단 앞에 두고 먼저 가서 형제와 화목하고 그 후에 와서 예물을 드리라"(마 5:23-24)고 하셨고, 또 "외식하는 자여 먼저 네 눈 속에서 들보를 빼어라 그 후에야 밝히 보고 형제의 눈 속에서 티를 빼리라"(마 7:5)고 하셨다.

그러나 사람들이 영적으로 교만하여 어두워지면 대소와 경중을 바로 분변하지 못하게 된다. 그들이 이와 같이 되면 의인의 교훈을 옳은 줄 모르고 도리어 의인을 배척하며 미워하다가 마침내 죽이기까지 한다. 실제로 이런 일이 역사상에 많이 있었다. 구약에서도 마찬가지로 영적 사리에 있어서 대소와 경중 문제를 자세히 다루었다. 사 1:11에 말하기를 "너희의 무수한 제물이 네게 무엇이 유익하뇨"라고 하였고, 사 1:16에는 말하기를 "너희는 스스로 씻으며 깨끗케 하여"라고 하였고, 렘 7:4-5에 말하기를 "너희는 이것이 여호와의 전이라, 여호와의 전이라, 여호와의 전이라 하는 거짓말을 믿지 말라 너희가 만일 길과 행위를 참으로 바르게 하여"라고 하였고, 사 58:4에는 말하기를 "보라 너희가 금식하면서 다투어 싸우며"라고 하였으니, 이는 금식보다 화목이 귀하다는 것이다. 사 66:2-3에는 "무릇 마음이 가난하고 심령에 통회하며 나의 말을 인하여 떠는 자 그 사람은 내가 권고하려니와 소를 잡아 드리는 것은 살인함과 다름이 없고 어린 양으로 제사 드리는 것은 개의 목을 꺾음과 다름이 없으며"라고 하였다. 진리에 합당한 실생활을 등한히 하면서 종교 의식을 크게 내세우는 외식(外飾)을 우리는 버리자. 하나님은 외식자를 가장 미워하신다.

16
의인의 비석을 꾸미는 자들의 주의할 것
◆ 마 23:29-31 ◆

의인의 비석을 꾸민다고 다 옳은 것은 아니다. 예수님께서 의인의 비석을 꾸미는 자를 가리켜 "선지자를 죽인 자의 자손"이라고 하신다. 다시 말하면 그들이 역시 선지자를 죽일 자라는 뜻이다. 왜 의인의 비석을 꾸미는 자가 의인을 죽인다고 하셨을까? 의인의 비석을 꾸미는 그 행동은 그 의인을 본받으려는 것이 아니겠는가? 히 13:7에 말하기를 "하나님의 말씀을 너희에게 이르고 너희를 인도하던 자들을 생각하며 저희 행실의 종말을 주의하여 보고 저희 믿음을 본받으라"고 하지 않았는가? 이 말씀을 보면 의인의 행적을 고사(考査)하여 본받는 것은 성경적이다.

이때에 예수님은 특히 바리새인들을 상대하여 말씀하신 것이었다. 바리새인들이 의인의 비석을 꾸민 것은 참으로 그 의인을 배우려는 의미에서 그리한 것이 아니었고, 그들의 동기는 자기들도 의인이라는 것을 내세우려는 심리에서 취한 행위였다. 그들은 비석을 꾸미면서 말하기를, '만일 우리가 조상 때에 있었더면 우리는 선지자의 피를 흘리는 그 일에 참예하지 않았으리라'고 하였다는 것이다. 이것은 그들이 스스로 의롭다고 생각한 악한 사상이다. 그들은 실상 의인이 아니면서 의인의 아름다운 이름을 차지하려는 데 급급하였다. 이와 같이 의인이 아니면서 의인의 이름을 차지하려는 자는 의인을 죽일 자라는 것이다. 그 이유는 다음과 같다.

(1) 명예주의자는 진정한 의인 앞에서 책망을 받을 수 밖에 없는데 그때에 그는 자기가 의인이라는 입장을 보수하기 위하여 어디까지나 그 참된 의인으로 더불어 투쟁하게 된다. 그는 결국 그 참된 의인을 죽이기까지 한다.

(2) 명예주의자는 외식과 교만으로 어두워진 자로서 의(義) 아닌 것을 의라고 주장한다. 그는 언제나 자기의 주장이 옳다고 착각한다. 예를 들면 예레미야 시대에 참된 의인들은 유대가 멸망할 것을 선포하였으나 거짓 선지자들은 "평안하다, 평안하다, 평안하다" 하면서 민중을 거짓되이 위로하였던 것이다. 이들은 외식자들이었다.

17
직분대로 충성하자 1
◆ 마 25:14-30 ◆

교회에서 신자들의 직분은 각각 다르다. 그리고 그 직분들 사이에는 높고 낮은 것이 없다. 그들이 어느 자리에 있든지 충성만 하면 하나님 앞에 합당하다. 본문을 보면 신자들의 맡은 직분을 달란트 비유로 나타내고 있다.

1. 다섯 달란트 받은 자와 두 달란트 받은 자

여기 달란트란 것은 금과 은의 수량을 말함이다. 그런데 이들(다섯 달란트 받은 자와 두 달란트 받은 자)은 주님 앞에서 받은 직분대로 충성하였다(21, 23절). 그들이 충성한 방법은 어떠한가?

(1) 달란트를 받아 가지고 바로 갔음. 여기 "바로 갔다"는 말은 시간을 아껴 가면서 부지런히 일한 것을 보여 준다. 그는 부탁을 받은 후 지체하거나 시간을 낭비하지 않았다. 하나님이 우리에게 주신 시간은 실상 생명과 같이 귀하다. 이 시간은 주님을 위하여 일할 목적으로 받은 것이다. 그리스도를 믿는다고 하면서 주님의 말씀대로 행한 것이

전혀 없다면 그는 외식한 자이니 만큼 주님의 책망을 받을 것밖에 없다. 주님은 그런 자를 향하여 "악하고 게으른 종"이라고 책망하신다.

(2) 그들은 장사하였음. 주님을 위하여 충성되이 일한 것을 장사에 비유하였으니, 그것은 의미 심장하다. 장사에 성공하는 사람은 앞날 무엇이 시세 있을지 잘 내다보는 자이다. 진실한 신자는 그때그때의 현실대로 살지 않고 미래에 나타날 하늘의 상급을 바라보고 행한다. 특별히 그는 영원한 천국에서 이루어질 것을 내다보고 모든 것을 결정한다. 뿐만 아니라, 그는 상인과 같이 눈 앞에 보이는 것들에 대하여 바로 평가한다. 그는 현세에 있어서 다른 것을 사지 않고 진리를 산다. 잠 23:23에 말하기를 "진리를 사고서 팔지 말며"라고 하였다.

이 점에 있어서 한 가지 명심할 것은 마르다와 마리아의 대조이다. 마르다는 예수님을 위하여 음식을 베푸느라고 많이 수고하였다. 그러나 마리아는 주님의 발아래 앉아서 그의 말씀을 들었다(눅 10:38-42). 그때에 예수님은 마리아를 칭찬하여 말씀하시기를 "마리아는 이 좋은 편을 택하였으니 빼앗기지 아니하리라"고 하셨다. 교회에는 남들을 위하여 여러 가지 사무를 맡아 일하는 직분들도 있다. 일반 평교인들은 예수님의 말씀을 듣는 직분이라고 할 수 있다. 그들의 직분은 마리아의 그것과 같다고 할 수 있다. 이와 같이 교회 안에서 사람들의 직분은 서로 다르다.

21절에 말하기를 "그 주인이 이르되 잘 하였도다 착하고 충성된 종아 네가 적은 일에 충성하였으매 내가 많은 것으로 네게 맡기리니 네 주인의 즐거움에 참예할지어다"라고 하였다. 이 칭찬하시는 말씀에서 우리들이 주목할 것은 "적은 일에 충성하였다"는 것이다. 왜 "적은 일"이라고 하셨는가? 그 이유는 사람이 주님의 일을 한다는 것은 주님께 수종드는 것뿐이기 때문이다. 그가 일하므로 영광을 받지도 않아야 되고, 또는 자기 힘으로 일을 되게 하는 줄로 알지 말아야 하는 것이다. 뿐만 아니라, 그가 현세에서 수고한 것보다 내세에 받을 상급은 비교할 수없이 더 크다. 롬 8:18에 말하기를 "생각건대 현재의 고난은 장차 우리에게 나타날 영광과 족히 비교할 수 없도다"라고 하였다. 칼빈은 임종시에 이 말씀을 거듭거듭 외우다가 별세하였다.

2. 한 달란트 받은 자

그는 한 달란트만큼 은혜만 받았을 뿐이고 일은 하지 않았다. 그것은 불순종인 동시에 게으른 죄이다. 주님께서는 그를 책망하여 말씀하시기를 "악하고 게으른 종아"라고 하셨다. 이것을 보면 게으른 것이 얼마나 큰 죄임을 알 수 있다. 렘 48:10에 말하기를 "여호와의 일을 태만히 하는 자는 저주를 받을 것이요"라고 하였다. 그리고 우리 본문 30절에는 말하기를 "이 무익한 종을 바깥 어두운 데로 내어쫓으라"고 하였다.

18
직분대로 충성하자 2
◆ 마 25:14-30 ◆

1. 직분은 각각 다름

신자마다 직분을 받았다. 5달란트나 2달란트나 그 차이는 있을지언정 모두 다 직분을 받았다. 어떤 사람들은 교회에서 많이 나타나고, 어떤 사람들은 적게 나타난다. 평교인들은 적게 나타나지만 중요하기는 더 중요하다. 그리고 그들의 직분도 중요하지 않은 바 아니다. 비유하면 집사직이나 기타 표면에 나타난 봉사자들은 손, 발, 눈, 귀와 같고, 평교인들은 심장, 폐, 간과 같은 것이다. 고전 12:22-23에 말하기를 "몸의 더 약하게 보이는 지체가 도리어 요긴하고 우리가 몸의 덜 귀히 여기는 그것들을 더욱 귀한 것들로 입혀 주며 우리의 아름답지 못한 지체는 더욱 아름다운 것을 얻고"라고 하였다. 그러므로 감추어 있는 지체들(예컨대, 간, 위, 폐, 장, 콩팥)도 중요한 것이다. 그것들은 섭취하는 직분을 가진다. 다시 말하면 평교인들은 그것들과 같아서 말씀을 받아먹는 직분을 가졌다.

우리는 예수님께서 마르다와 마리아를 비교하여 보신 사실을 눅

10:38-42에서 볼 수 있다. "마리아라 하는 동생이 있어 주의 발아래 앉아 그의 말씀을 듣더니 마르다는 준비하는 일이 많아 마음이 분주한지라 예수께 나아가 가로되 주여 내 동생이 나 혼자 일하게 두는 것을 생각지 아니하시나이까 저를 명하사 나를 도와주라 하소서 주께서 대답하여 가라사대 마르다야 마르다야 네가 많은 일로 염려하고 근심하나 그러나 몇 가지만 하든지 혹 한 가지만이라도 족하니라 마리아는 이 좋은 편을 택하였으니 빼앗기지 아니하리라 하시니라"고 하였다. 평교인은 말씀을 받아 먹는 직분이다. 그러므로 하나님이 우리 신자들에게 맡기신 직분은 하필 나타나 활동하는 마르다식의 것만 아니고 마리아식도 있다. 그것은 평교인의 것이다. 평교인은 말씀을 받아 새김질하고 교회를 살찌운다. 그러면 제직이나 평교인이나 다 함께 직분이 있고 할 일이 있으니, 신령한 이익을 거두기 위하여 힘써 장사하는 처지에 있어야 한다.

2. 충성하자

16절을 보면 "바로 가서 그것으로 장사하여 또 다섯 달란트를 남기고"라고 하였으니, 놀랄만한 말씀이다. 이 말씀을 보면 그가 얼마나 광음을 아껴 가면서 그의 맡은 직분대로 힘쓴 것을 알 수 있다. 그렇다. 충성하는 자는 시간을 생명같이 귀히 여긴다. 시간은 실상 생명과 같이 귀하다. 인생이 그 존재할 시간을 소유하지 못하였다는 것은 그의 죽음을 의미한다. 우리는 무엇보다도 하나님의 일을 맡은 데 있어서 최대 한도로 긴장하지 않을 수 없다. 그 이유는 그 맡은 일이 하나님의 일이니만큼, 하나님이 동행하시며 도와주실 일인 까닭이다. 그가 그 직분을 선히 감당하기만 하면 그 일을 하는 동안 하나님을 만나볼 기회도 가진다.

그는 장사하는 것같이 활동한다. 그가 이 장사에 있어서 이익을 보게 됨은 정하여 놓은 일이다. 그 이유는 가치가 적은 이 세상 것(육신, 시간, 노력, 재물)을 내놓으면 가치가 무한한 저 세상 것들을 받기 때문이다.

3. 예수님 앞에 칭찬 받는 자

칭찬 받는 자는 다른 사람이 아니고 적은 일에 충성한 자이다. "적은 일에 충성한다" 함은 무슨 뜻인가? 적은 일이라고 하신 이유는

(1) 수종드는 것뿐이고 일은 하나님이 맡아서 하시는 것이며 일이 되는 것도 하나님이 되게 하시는 것이기 때문이다.

(2) 허영심으로 큰 일을 하는 심리로 하지 않는 까닭이다. 하나님의 일을 하는 자들은 허영심을 떠나서 하나님만 기쁘시게 하려는 마음으로 해야 된다. 이와 같이 적은 일을 하는 심리로 일함이 충성이다. 아프리카에 전도자로 가서 1년만에 죽게 된 선교사가 말하기를 "나는 아프리카 선교라는 큰 다리를 놓는 사업에 있어서 깊은 강 속에 묻힌 돌 한 개가 되므로 만족하다"라고 하였다.

(3) 세상 상급은 보지 않고 하늘의 큰 상급만 생각하여 일하니 아무리 큰 일이라도 적어 보인다. 이 세상에서 우리가 아무리 큰 수고를 하

였다 할지라도 하늘에 가서 받을 상급에 비교하면 극히 적은 일이다. 롬 8:18에 말하기를 "생각건대 현재의 고난은 장차 우리에게 나타날 영광과 족히 비교할 수 없도다"라고 하였다.

4. 한 달란트 받은 자의 실족

그는 한 달란트 받은 것이 자기에게 합당한 것이요 큰 은혜인 줄 모르고 도리어 주인을 각박한 사람으로 잘못 알았다. 그는 자포자기 하였다. 이와 같이 하나님의 은혜를 족한 줄 모르고 원망하며 자포자기하는 것(게으름)은 하나님을 오해하고 자기를 오해하는 것이다. 그는 마땅히 자기의 받은 것을 감사히 여겨야 한다. 우리는 무슨 큰 업적을 남기므로 하나님 앞에서 칭찬 받을 것이 아니고, 다만 그 받은 것에 충성하므로 칭찬을 받는다.

19

향유를 부은 감사

◆ 마 26:6-13 ◆

1. 매우 귀한 것을 바쳤음

이 향유는 히말라야 산이나 인도 등지에서 난다. 이것은 구하기 어렵다. 페르시아 왕 캄비세스가 이런 향유를 애굽 왕에게 선물한 일도 있다. 신자가 하나님께 바칠 바에는 가장 귀한 것을 바쳐야, 그의 마음이 하나님께 있고, 또는 자기 자신을 하나님께 맡기는 신앙 행위가 되어진다. 이와 같이 하여야 주님을 자기의 구주로 모시는 행동이 되어진다.

2. 비평을 받으면서도 외축(畏縮: 두려워서 몸을 움츠림)없이 바침

유다는 이기주의자로서, 그 기름을 팔아 가난한 자를 구제하지 않는다고 그 여자를 꾸짖었다. 그러나 그 여자는 예수님께 기름 붓기를 끝까지 하였다. 교회 봉사는 칭찬을 받는 가운데서만 하는 것이 아니다. 유다와 같이 예수님을 파는 자들이 있는 가운데서도 하는 것이다. 교회는 마음이 같은 사람들끼리만 지내는 단체가 아니다.

3. 그리스도의 죽음과 관련된 감사

예수 그리스도의 죽음은 영원히 하나님의 경륜 속에 포함되어 있다. 그것은 창세 전에 작정되었고, 구약시대에 이스라엘의 제물의 내용이 되었다. 그리스도께서는 미리부터 자기의 죽음의 사실을 제자들에게 예고하셨다. 그리고 그가 승천하신 후에도 그 사건이 영원토록 기억된다는 의미에서, 하늘의 일을 말하는 계시록이 예수님을 하늘에 있는 어린양이라고 말해준다. 그러므로 바울은 "예수 그리스도와 그의 십자가에 못 박히신 것 외에는 아무 것도 알지 아니하기로 작정하였음이라"(고전 2:2) 하였고, 또 말하기를 "유대인은 표적을 구하고 헬라인은 지혜를 찾으나 우리는 십자가에 못 박힌 그리스도를 전하니"(고전 1:22-23)라고 하였다.

20

마리아의 기름 부은 행위

◆ 마 26:6-13 ◆

이 본문에 소개된 "한 여자"는 마리아이다(요12:3). 그가 예수님의 머리에 향유를 부은 행위는 자기도 모르게 예수님의 장례(葬禮)를 예비한 것이 되었다. 마리아의 이 귀한 봉사를 주님께서 칭찬하셨다.

1. 숨은 봉사

그는 말 한 마디 없이 300데나리온 가치나 되는 나드 향유를 예수님께 부었다. 유다를 위시하여 제자들이 그를 비평하였어도 그는 변명한 마디 없었다. 교회의 일이 잘되게 한 공적은 숨은 봉사자들의 것이 더욱 큰 것이다. 우리의 신체를 들어 말하더라도 나타나 보이는 손과 발 같은 것의 역할이 있는가 하면, 심장과 그 밖의 여러 내장처럼 보이지 않게 가리워진 내장 기관의 역할도 있으니, 그것들이 더 중요하다. 사실상 교회에는 숨어서 일하는 일꾼들이 더 중요하다 그 이유는 은밀한 중에 보시는 하나님 아버지께서 그들의 일을 더욱 축복하시기 때문이다.

순교자 저스틴(Justine Martyr)이 철학상 고민을 안고 해변에서 내왕하던 때에 그에게 성경(구약)을 준 노인은 누구인지 세상에 알려지지 않았다. 저스틴을 예수 그리스도에게로 인도한 이는 그 노인이었다. 허드슨 테일러가 젊었을 때에 하루는 자기 아버지 서재에서 책들을 뽑아 읽어보던 중 그 아버지의 일지(日誌)를 폈을 때에 "다 이루었다"라고 쓰인 예수님의 말씀(요 19:30)을 본 후 그의 마음은 변화되고 중국 선교사가 되기로 결심하였다. 그 순간은 바로 그의 모친이 80마일 밖에 출타하여 있으면서 그 아들 테일러의 회개를 위하여 기도하던 시간이었다. 이 여인의 이름도 알려지지 않았다.

교회 일이 잘된 원인을 탐구함에 있어서 우리는 또다시 교회 공동체의 저력(底力)의 작용도 알아보아야 한다. 예를 들면 한국 장로교회의 칼빈주의 신앙 보수가 어디서 왔는가? 우리는 초대 선교사들의 신앙을 잊을 수 없다. 우리 교회의 터전을 쌓은 선교사들은 거의 다 칼빈주의 신앙가들이었다. 그들의 신앙 사상과 같지 않은 선교사들이 한국에 오려고 할 때에는 그 초대 선교사회에서 받지 않도록 하였던 것이다. 이런 분위기가 초대 한국 교회를 지배하였었다. 그러나 오늘날 신자들이 이들의 이름을 기억하는가? 그들도 숨겨져 있다. 우리는 역사가들의 교회사상(敎會史上)의 인물 평가도 공정을 기하지 못한다고 보고 싶다. 그 이유는 그들도 사람이므로 드러난 것만 가지고 말하기 때문이다.

2. 그리스도의 죽음을 영화롭게 한 행위(12-13절)

(1) 그리스도의 죽음은 복음이다. 13절의 "이 복음"이란 예수님의 말씀은 그의 죽으심을 가리킨다. 그의 죽음은 왜 그렇게 복된 소식인가? 그 이유는 그의 죽음이 우리 신자들을 죽음에서 해방해 주기 때문이다. 히 2:14-15에 말하기를 "그도 또한 한 모양으로 혈육에 함께 속하심은 사망으로 말미암아 사망의 세력을 잡은 자 곧 마귀를 없이 하시며 또 죽기를 무서워하므로 일생에 매여 종노릇하는 모든 자들을 놓아주려 하심이니"라고 하였다. 그리스도의 "죽음"은 위대하시다. 그는 하나님의 아들로서 나를 위하여 죽으셨다. 어떤 신자가 말하기를, 예수님의 죽음을 표현하는 말로서 '돌아가셨다'고 함이 그를 대접하는 말이 아니겠는가 하고 나에게 문의한 적이 있었다. 그러나 우리가 그렇게 말한다면 예수님의 속죄의 죽음을 그대로 표현하는 데 있어서 부족하다. 예수님의 죽으심은 우리를 대신하여 극도로 낮아지신 것이며, 극도로 비참해지신 것이었다. 그러므로 그의 죽으심에 대하여 "죽었다"고 함이 복음을 바로 나타내는 것이다. 신자들이 예수 그리스도의 죽으심을 믿음으로 말할 때에 마귀는 무저갱(無底坑)으로 떨어질 만하다. 성경은 예수님의 죽으심을 저주의 죽음이라고까지 말하였다(갈 3:13).

루터(Luther)는 예수님의 죽음을 가리켜 "죽음을 죽이는 죽음"이라고 하였다. 우리가 그의 죽음을 믿는 자라면 우리도 그와 함께 벌써 골고다에서 죽었다. 그 이유는 그의 죽음이 우리의 죽음을 대신하셨기 때문이다. 그러면 이와 같은 혜택을 누가 받는가? '나는 죄인이라'는 인식을 진실히 가지는 그 사람만이 이 혜택을 누린다(참조, 마 20:28).

(2) 그리스도의 죽음은 예언 성취의 죽음이다. "기약대로" 죽으셨다(롬 5:6)는 것이 그 뜻이다. 이사야의 예언(사 53장)대로 예수님은 우리의 죄를 담당하시고 죽음의 고난을 당하셨다. 예수님은 그의 죽음을 가지시고 또다시 예언하셨으니, 그것은 "온 천하에 어디서든지 이 복음이 전파"된다고 하신 그 말씀이다(마 26:13). 여기 "이 복음"이란 말은 그 윗절에 있는 "내 장사"란 말에 포함된 그의 죽으심을 가리킨다. 과연 오늘날 그와 같이 이루어졌다. 세계 각국에 주님의 복음이 전파되지 않았는가! 그 누가 죽으면서 이런 말을 할 수 있겠는가? 곧, '내가 죽은 뒤에 내 죽음이 온 천하 사람에게 복이 될 것이며 또 온 천하에 전파될 것이라'고 감히 말할 수 있겠는가? 그러나 예수님은 이와 같이 말씀하셨고 또 그대로 성취되고 있다.

마리아의 기름부은 행위는 예수님의 이처럼 귀한 죽음을 영화롭게 한 행위였다.

21
예수 그리스도의 피를 믿자
◆ 마 26:26-28 ◆

기독교는 피의 종교이다. 곧, 기독교는 예수 그리스도의 피로 성립되었다. 구약시대에 무수히 흘려진 제물(양)의 피는 모두 다 그리스도의 희생을 예표한 것이었다. 그러면 그리스도의 피가 우리에게 가져오는 효과는 어떠한가 살펴보자.

1. 사죄의 피

예수 그리스도께서 나를 대신하여 피 흘려 주셨으니 이제 나는 그를 믿을 때에 죄 사함을 받고 영생을 얻게 된다. 예수님께서 흘리신 피가 그렇게 큰 힘이 되는 이유는, 그는 하나님이시기 때문이다. 사람의 힘은 남을 구원할 수 없으나 하나님의 힘은 천지 만물을 창조하셨고 또 유지하시나니, 그의 피의 공효(功效)는 무한하시다. 그의 피는, 그의 능력보다 더 가치 있으며, 따라서 그의 능력보다 더 유력하다. 예수님을 믿는다고 하면서 그의 피를 가장 중요하게 믿을 줄 모르는 신앙은 아직 어린 신앙이다. 예수 그리스도를 믿을 때에 그의 피 대신에 그의 능력이나 지혜나 덕(德)을 믿는다고 해도 그것은 아직 신앙이 아니다. 예수님의 피 대신에 성령을 믿는다고 하는 것도 참 신앙이 아니다. 소위 이런 신앙은 하나님의 아들이 이 세상에 오시지 않았다는 것과 마찬가지이다. 그 이유는 예수님께서 이 세상에 오신 목적은 우리를 대신하여 죽으심으로 속죄하여 주시는 것이기 때문이다. 예수님의 피를 믿는 자들만이 죄 사함을 받고 변하여 새 사람이 된다.

2. 언약의 피

하나님께서 어떤 방법으로 우리의 믿음을 발생시키는가? 그가 아무 말씀 없이 우리에게 좋은 것들을 주신다면 우리에게 믿음이 생길 수 없다. 그는 우리에게 언약하시고 그대로 이루시므로 우리의 믿음을 발생시키신다. 홍수 후에 하나님께서 말씀하시기를 "내가 너희와 언약을 세우리니 다시는 모든 생물을 홍수로 멸하지 아니할 것이라 땅을 침몰할 홍수가 다시 있지 아니하리라"(창 9:11)고 하셨다. 그는 오늘날까지 이 약속을 지키시고 계시다. 그리고 그가 그리스도를 세상에 보내시겠다는 언약은 아담 때부터 하셨는데 이미 이루셨다.

하나님의 언약이 성취된 사실을 보고 우리는 사중 신앙(四重信仰)을 가지게 된다. 첫째는 그 언약이 기록된 성경을 믿으며, 둘째는 그 언약을 주신 하나님을 믿으며, 셋째는 그 언약의 성취로 나타난 사건을 믿으며, 넷째는 그 사건이 약속하는 장래의 축복을 믿게 된다. 우리는 예수님의 새 언약을 이와 같이 사중 믿음으로 굳게 믿어야 된다. 더욱이 그의 피로 그 언약이 확고해졌는데, 그것은 그를 믿는 자에게 영생이 있다는 것이다. 그의 피로 세우신 언약은 우리가 생명 바쳐 믿을 만하다. 우리는 우리 자신을 쳐 복종시키면서 믿어야 된다.

　예수님은 이 믿음을 우리에게 권장하시기 위하여 성찬 예식으로써 심각한 말씀을 하셨다. 그것은 그의 살과 피를 먹고 마시듯이 믿으라고 하신 말씀이다. 곧, 그의 살과 피를 먹고 마시듯이 믿으라는 비유의 말씀이다. 먹고 마시듯이 믿으라고 함은, ① 음식을 외식으로 먹는 자는 없는 것같이 진실히 믿으라는 뜻이며, ② 음식을 달게 먹듯이 기쁨으로 믿으라는 뜻이다.

22

신자와 가족

◆ 막 10:29-30 ◆

신자는 가족들까지도 팔아버리는 심리를 가진다. 막 10:29에 말하기를 "예수께서 가라사대 내가 진실로 너희에게 이르노니 나와 및 복음을 위하여 집이나 형제나 자매나 어미나 아비나 자식이나 전토를 버린 자는 금세에 있어 집과 형제와 자매와 모친과 자식과 전토를 백 배나 받되 핍박을 겸하여 받고 내세에 영생을 받지 못할 자가 없느니라"고 하였다.

예수님이 세상에 오신 것은 사람들을 개인 취급하여 구원해 주시기 위한 것이다. 한 가정 식구들 중에서도 그는 한 사람은 구원하시고 다른 한 사람은 구원하시지 않을 수 있다. 마 24:40-41에 말하기를 "그 때에 두 사람이 밭에 있으매 하나는 데려감을 당하고 하나는 버려둠을 당할 것이요 두 여자가 매를 갈고 있으매 하나는 데려감을 당하고 하나는 버려둠을 당할 것이니라"고 하였다. 아담의 가정에서 그의 아들들 중에 아벨은 구원 받았고 가인은 구원 받지 못했을 것으로 생각되며, 노아의 가정에서도 세 아들 중 함은 저주를 받았고(창 9:25), 대제사장 아론의 가정에서도 아론의 두 아들 나답과 아비후는 함께 벌을 받아 여호와의 불에 타서 죽었다(레 10:1-2). 그리고 다윗의 가정에 있어서 압살롬이란 아들은 극히 악한 자로서 하나님의 택한 백성 가운데 들어 있다고 할 수 없다.

이런 사실들을 보아서 우리는 하나님께서 구원의 은혜를 누구에게나 다 주시는 것이 아니고, 그의 기쁘신 뜻대로 사람을 개인 취급해서 구원하실 자만 구원하심을 알 수 있다. 그러므로 이 은혜를 받은 자는 불 붙는 집에서 뛰어 나온 것같이 생각하고 그 집 안에 있는 보물 같은 것을 크게 문제시하지 않아야 된다. 이런 의미에서 신자는 집이나 형제나 자매나 어미나 아비나 자식이나 전토까지도 믿음에 방해가 될 정도로 애착하면 안된다. 신자가 그들 때문에 시험에 빠지거나 범죄하면 안된다. 어떤 경우에는 그들을 다 버리고라도 주님을 사랑할 줄 알아야 된다.

우리가 모든 것을 버리고 주님을 따를 때에 주님은 그것을 상급으로 갚아 주신다. 그 상급은 우리 본문의 말씀과 같이 금세에 있어서, 집과 형제와 자매와 모친과 자식과 전토를 백 배나 받되 핍박을 겸하여 받고 내세에 영생을 받음이다. 이것은 주님을 진실히 믿는 자에게 모든 다른 신자들이 가족과 같이 되어지는 것을 의미한 것이다. 이 말씀을 보면 기독신자는 혈통 가족보다 영통 가족(靈統家族)을 더 귀하게 여겨야 될 것이 알려진다. 그는 남들이 집과 전토를 소유한 것에 대하여 자기가 그리한 것처럼 기뻐해야 된다. 이런 의미에서 그는 전토를 백 배나 받는다는 것이다. 핍박을 겸하여 받는다고 하였으니, 핍박도 상급과 같이 복된 것으로 간주된 셈이다. 그리고 내세에 영생을 받는다고 하였으니, 예수님께서는 우리가 현세에서 어떤 낙을 누리는 것을 첫째로 생각하시지 않으셨다. 그는 언제나 내세에 잘되는 것을 고조하셨다.

    진실한 신자가 이런 상급을 받을 것을 생각할 때 얼마나 감사해야 되겠는가? 우리는 모든 것을 다 버리고 주님을 따르자!

누가복음

23
그리스도의 성탄이 우리에게 보여 주는 교훈
◆ 눅 2:1-7 ◆

본문 7절에 "맏아들을 낳아 강보로 싸서 구유에 뉘었다"고 하였으니, 이것은 다음과 같은 교훈을 우리에게 보여 준다.

1. 그의 성빈 생활(聖貧生活)

사람들은 가난한 것을 좋아하지 않는다. 그러나 예수님은 나실 때부터 말구유에 나셨다. 그 후에도 그는 머리 두실 곳도 없다고 친히 말씀하셨다. 사실, 가난하다면 이 이상 더 가난할 수 없다. 이것은 그가 공수로 오셔서 공수로 사시고 공수로 돌아가신 생활이다. 그는 하나님을 모신 것으로만 족하게 여기셨다. 딤전 6:6-8에 말하기를 "지족하는 마음이 있으면 경건이 큰 이익이 되느니라 우리가 세상에 아무 것도 가지고 온 것이 없으매 또한 아무 것도 가지고 가지 못하리니 우리가 먹을 것과 입을 것이 있은즉 족한 줄로 알 것이니라"고 하였다. 예수님께는 일반 신자들의 생활도 이와 같은 진리로 지도하신다. 눅 12:15에 말하기를 "삼가 모든 탐심을 물리치라 사람의 생명이 그 소유의 넉

넉한 데 있지 아니하니라"고 하였다. 그는 부자된 것이 천국에 들어가는 데는 도리어 방해가 된다는 의미로 말씀하셨다. 그는 말씀하시기를 "약대가 바늘귀로 들어가는 것이 부자가 하나님의 나라에 들어가는 것보다 쉬우니라"(마 19:24)고 하셨다. 그러면 부자된 것이 왜 이와 같이 위태한가? 우리는 그 이유를 또 다시 성경으로 설명하려고 한다. 딤전 6:9-10은 말하기를 "부하려 하는 자들은 시험과 올무와 여러 가지 어리석고 해로운 정욕에 떨어지나니 곧 사람으로 침륜과 멸망에 빠지게 하는 것이라 돈을 사랑함이 일만 악의 뿌리가 되나니 이것을 사모하는 자들이 미혹을 받아 믿음에서 떠나 많은 근심으로써 자기를 찔렀도다"라고 하였다.

2. 그의 낮아지심

하나님의 아들이 인간성을 입으시고 구유에 탄생하신 것은 극도로 낮아지심이다. 사람들은 다 높아지기를 원한다. 그러나 사람이 이 세상에서 높아지는 것은 어디까지나 범죄할 가능성을 길러 준다. 사람이 높은 지위를 가지면 자기를 바로 보지 못하고 그 지위만 본다. 사람이 낮아져야 자기를 바로 보고 바로 처신하게 된다. 그 이유는 그가 낮아졌을 때에는 자기 자신을 보기 좋게 꾸며 놓은 것이 없고 적나라하게 드러나 있기 때문이다. 하나님께서는 이런 사람들에게 은혜를 베푸신다. 그러므로 약 1:9-10에 말하기를 "낮은 형제는 자기의 높음을 자랑하고 부한 형제는 자기의 낮아짐을 자랑할지니"라고 하였다. 무디 선생은 말하기를 "천국의 선물은 내려가면서 받는다"라고 하였다. 성경을 바로 깨닫고 말하는 헤랄드(Herald of His Comming)란 잡지에 말하기를 "형제여 벌레가 되어라"고 하였다. 이것은 우리 신자가 하나님의 사랑을 받고 또한 하나님의 일을 효과 있게 하려면 벌레와 같이 낮아지라는 뜻이다. 하나님께서는 낮아진 자를 당신님의 방법으로 높이기도 하신다. 삼상 2:8에 말하기를 "가난한 자를 진토에서 일으키시며 빈핍한 자를 거름더미에서 드사"라고 하였다. 예수님은 극도로 낮아지셨기 때문에 하나님 아버지께서 그를 극도로 높이셨다(참조, 빌 2:5-11). 요셉은 애굽에 팔려 가서 남의 종이 되었다. 그러나 그가 거기서도 하나님을 두려워하고 신앙을 지킨 결과로 애굽의 총리 대신이 되기까지 높아졌다.

24
그리스도의 탄생에 대하여
◆ 눅 2:1-7 ◆

1. 섭리로 이루어진 그리스도 탄생

섭리란 것은 무엇인가? 일이 하나님의 뜻대로 이루어지도록 사람들의 운동, 또는 자연계의 변동이 일어났을 때에 그것을 섭리라고 한다. 그러나 사람들이 하나님의 뜻을 알기 어려운 것처럼 섭리도 알기 어렵다. 지난 제2차 세계 대전 때에 히틀러 운동에 대하여 독일 목사 600명과 신학자 13명이 모여서, 히틀러는 하나님이 독일을 구원하기 위하여 세웠고 히틀러 운동은 하나님의 섭리라고 하였다. 그러나 그것은 그들이 잘못 본 것이다. 히틀러 운동은 성경에 기록되지도 않았고 그의 운동은 전복되었다. 무슨 일이 쉽게 되었다고 하여 우리는 그것을 하나님의 뜻, 혹은 그의 섭리라고 할 수 없다. 요나가 니느웨로 가라는 하나님의 명령을 피하여 다른 데로 가려고 욥바에 왔을 때에 마침 다시스로 가는 배가 있었으니 피할 길이 순조롭게 열린 셈이다. 그러면 그때에 그가 다시스로 가는 것이 하나님의 뜻이었던가? 그런 것이 아니다.

다윗이 사울을 피하여 다니다가 십 땅에 왔을 때에 사울의 진친 데로 가 보니 사울이 누워 자는 중이었다. 그때에 그의 부하 아비새는 다윗에게 말하기를 "하나님이 오늘날 당신의 원수를 당신의 손에 붙이셨나이다"라고 하였다. 우리는 생각하자. 과연 그 기회는 다윗이 사울을 죽일 기회였던가? 그때에 다윗이 사울을 죽임이 하나님의 뜻이었던가? 아니었다. 다윗은 그를 죽이지 않았다(삼상 26:1-12). 그는 사울을 죽이는 것이 진리에 위반된다는 주장을 세웠다(삼상 26:9).

그러면 무슨 일(혹은 길)을 택할 때에 바로 알기 어려우면 그 결정의 비결은 무엇인가? 그것은 그 일이 진리에 합당한지 알아봐야 된다. 진리는 성경 말씀이다. 우리는 성경의 진리대로 길을 선택하고 그것을 신종(信從)해야 축복을 받는다. 그리스도께서 베들레헴에 탄생하신 것은 하나님의 섭리로 된 것이다. 로마 황제 가이사 아구스도는 백성에게 호적하라고 명령했었다. 그 결과로 요셉과 마리아가 베들레헴에 오게 된 것이다. 이와 같이 되어 그리스도께서 베들레헴에 나시리라는 예언이 성취되었다. 이것이 하나님의 섭리이다. 섭리대로 이룬 것은 하나님이 하신 일이니 그것을 믿고 순종하는 자는 복이 있다. 우리는 탄생하신 그리스도를 절대로 믿고 순종하자.

2. 그리스도의 탄생은 인류를 체휼하신 의미

그는 외양간 말구유에 나셨다. 그 사실은

(1) 외양간에 사는 짐승같이 가르치기 어려운 미련한 자들을 구원하

신다는 의미이다.

　(2) 외양간은 역시 한지(寒地)와 같은 곳이요 사람이 거처할 수 없는 곳이다. 그곳은 사 53:2에 예언된 대로 "마른 땅"과 같다. "마른 땅"은 광야 건조한 땅으로서 식물이 자라기 어렵다. 그와 같이, 그리스도는 죄만 있고 의(義)가 없는 마른 땅 같은 인간을 구원하실 수 있다. 그는 인간들에게서 협력을 받아 가지고 그들을 구원하시는 이가 아니다. 인생들은 모두 다 마른 땅과 같다. 마른 땅이 초목들에게 아무런 생명력을 주지 못함과 같이, 그들도 그리스도에게 아무런 도움도 드리지 못한다. 그리스도는 마른 땅 같은 세상을 그 자신의 능력으로 구원하신다. 그러므로 그리스도의 복음을 전하며 가르치는 자들은 소망 없어 보이는 자들을 상대로 하여 더욱 열심을 분발해야 된다. 그 일이 일조일석에 안되어도 반드시 열매를 거둘 때가 온다. 하나님은 영원하시므로 서두르지 않으신다.

　(3) 그가 말구유에 나신 것은 왕족이나 부유층의 높은 생활을 하시지 않고 고난의 사람으로 나심을 의미한다. 그는 모든 인류의 밑에 낮게 계셔서 그 인류의 모든 짐을 져 주실 분으로 나셨다. 그는 말씀하시기를 "수고하고 무거운 짐 진 자들아 다 내게로 오라 내가 너희를 쉬게 하리라"(마 11:28)고 하셨다. 인류는 그들의 모든 인간고(人間苦)의 짐을 예수 그리스도로 말미암아 해결 받는다.

25
그리스도 탄생의 의미
◆ 눅 2:1-7 ◆

우리가 예수 그리스도의 탄생의 의미를 알 때에 하나님의 구원 계획의 견실성을 알게 되며, 그리스도의 겸손을 알게 된다.

1. 그리스도의 탄생은 하나님께서 되게 하셨음

성탄 사건이 전지 전능하신 하나님의 성취인 것은 우리 본문을 보아 알 수 있으니, 그것은 예언 성취로 된 사실이 증명한다. 그리스도께서 유대 땅 베들레헴에서 나시리라는 것은, 예수님 나시기 800년 전에 선지자 미가로 말미암아 예언되었다(미 5:2). 사람은 몇 날 앞에 될 일도 내다보지 못한다. 아니 그 보다도 몇 초 후에 되어질 일도 모르는 때가 많다. 1755년에 리스본(Lisbon)이란 지방에 지진이 일어나 6만 명이 죽었는데 그런 참사가 있을 줄은 아무도 몰랐다. 또 1908년에는 이탈리아에 있는 두 도시 메시나(Messina)와 레지오(Reggio)에도 지진이 일어나 약 20만 명이 죽었으나 그런 일이 있을 줄은 사전에 아무도 몰랐던 것이다.

그러나 하나님은 800년 후에 될 일을 미리 아시고 그것을 예언하셨다. 그는 800년이란 긴 세월이 지난 후에도 그의 예언하신 말씀을 변치 않으시고 그대로 이루셨으니, 그가 참 하나님이시다. 하나님께서는 그 말씀을 이루시기 위하여 로마 황제 가이사 아구스도를 감동하셔서 천하에 호적령(戶籍令)을 내리도록 하셨다. 이와 같이 하나님은 성경을 모르는 불신자도 동원시켜서 그 말씀을 성취하신다. 뿐만 아니라 그 당시에 많은 사람들이 호적하기 위하여 움직였던 것이다. 이와 같이 하나님께서는 그의 말씀을 섭리적으로 이루신다.

우리는 하나님께서 친히 이루신 사건에 대하여는 우리가 하나님 자신을 믿는 것과 같이 전적으로 믿어야 된다. 다시 말하면 우리는 예언 성취로 오신 예수님을 믿되 생명을 걸고 믿어야 된다. 우리는 하나님께서 우리를 구원하시기 위하여 친히 마련하신 참된 구원 방법대로 그리스도를 믿어야 된다.

2. 구주님께서 구유에 누이신 의미

그가 그때에 구유에 누우셨던 이유는, 여관에 수용되실 방이 없었기 때문이다. 그가 이와 같이 되신 것은 극도로 낮아지신 것을 의미한다. 그는 평생 머리 두실 곳도 없이 지나셨으니, 그에게는 자기 소유라는 것이 전연 없으셨다. 고후 8:9에 말하기를, 예수 그리스도는 "부요하신 자로서 너희를 위하여 가난하게 되심은 그의 가난함을 인하여 너희로 부요케 하려 하심이니라"고 하였다. 그리스도께서 이와 같이 낮아지신 것은 우리의 짐을 져 주시기 위함이었다. 무거운 짐을 운반하는 차 바퀴들도 밑부분에 붙어 있고, 짐을 지는 사람들도 그 무거운 짐 아래서 헐떡거린다. 예수 그리스도께서는 우리의 모든 짐을 져 주신다. 시 68:19에 말하기를 "날마다 우리 짐을 지시는 주 곧 우리의 구원이신 하나님을 찬송할지로다"라고 하였고, 마 11:28-29에는 말하기를 "수고하고 무거운 짐 진 자들아 다 내게로 오라 내가 너희를 쉬게 하리라 나는 마음이 온유하고 겸손하니 나의 멍에를 메고 내게 배우라 그러면 너희 마음이 쉼을 얻으리니"라고 하였다. 이 말씀은 그리스도께서 우리의 짐을 지시기 위하여 온 인류의 발 밑에 떨어지기까지 낮아지셨으되 온유하게 감당하심을 보여 준다.

우리의 짐은 죄짐이다. 주님은 이와 같이 우리의 죄짐을 져주시기 위하여 낮추어 떨어지셨는데, 우리가 그를 의지하지 않는다면 그것은 그를 불신임하는 가장 악한 죄악이다. 사랑을 받아주지 않는 것처럼 고통스럽고 슬픈 일은 없다. 그가 우리를 사랑하여 낮아지셨고 또 짐을 져 주시고자 하시는데 우리가 그를 만족히 믿어드리지 않으면 이는 그의 사랑을 배척함이다.

26
천륜과 인륜
◆ 눅 2:41-51 ◆

1. 천륜(天倫)

천륜은 하나님을 공경함이다. 천륜은 신성하므로 신자는 그것을 위하여는 부모라도 떠날 경우가 있다. 예수님이 유월절 지난 후에 홀로 예루살렘에 남아 계신 목적은 신앙생활 때문이었다. 그때에 그의 부모는 그곳을 떠나 얼마 동안 길을 갔었다. 후에 그들은 예수님이 그들과 동행하시지 않는 줄 알게 되어 예루살렘까지 되돌아 갔었다.

(1) 부모와 동행중에 계시지 않으셨음(44-45절). 신앙생활은 가장 신성한 것이기 때문에 자유 의지와 감심으로 해야 된다. 신자는 때로는 독보(獨步)로 걸어가야 한다. 거기에는 물론 고독의 쓴 잔이 따른다. 성경에 신자를 독수리로 비유한다. 사 40:31에 말하기를 "오직 여호와를 앙망하는 자는 새 힘을 얻으리니 독수리의 날개 치며 올라감 같을 것이요"라고 하였다.

(2) 성전에서 하나님의 말씀을 상고하심(46-49절). "내 아버지 집에 있어야 될 줄을 알지 못하였나이까" 하신 예수님의 말씀은 의미심장하

다. 이 말씀은 신적(神的) 필연성(必然性)을 강조한다. "있어야 될 줄"이란 말은 누구나 받아야 된다. 이와 같은 필연성은 누구나 벗어나면 안 된다. 여기에는 이 세상의 어떤 권세나 권위가 간섭하지 못한다. 그러므로 신자들이 예수님을 따르기 위해서는 핍박도 받는다.

2. 인륜(人倫)

인륜은 부모 순종을 그 요점으로 한다. 부모 순종에 대하여 몇 가지 할 말이 있다.

(1) 순종의 동기. ① 소생(所生)으로서 그 근원을 존중히 함. 히 12:9에 말하기를 "또 우리 육체의 아버지가 우리를 징계하여도 공경하였거든 하물며 모든 영의 아버지께 더욱 복종하여 살려하지 않겠느냐"라고 하였다. 사 45:9-10에 말하기를 "질그릇 조각 중 한 조각 같은 자가 자기를 지으신 자로 더불어 다툴진대 화 있을진저 진흙이 토기장이를 대하여 너는 무엇을 만드느뇨 할 수 있겠으며 너의 만든 것이 너를 가리켜 그는 손이 없다 할 수 있겠느뇨 아비에게 묻기를 네가 무엇을 낳느냐 어미에게 묻기를 네가 무엇을 낳으려고 구로하느냐 하는 자에게 화 있을진저"라고 하였고, 사 10:15에는 "도끼가 어찌 찍는 자에게 스스로 자랑하겠으며 톱이 어찌 켜는 자에게 스스로 큰 체 하겠느냐 이는 막대기가 자기를 드는 자를 움직이려 하며 몽둥이가 나무 아닌 사람을 들려 함과 일반이로다"라고 하였다. ② 부모에게 효도함은 생명의 주재자 하나님을 기억하는 행동이기도 함. 장수는 하나님이 주셨

다. 레 19:32에 말하기를 "너는 센 머리 앞에 일어서고 … 네 하나님을 경외하라"고 하였다. 잠 16:31에는 "백발은 영화의 면류관이라 의로운 길에서 얻으리라" 하였고, 시 91:16에는 "내가 장수함으로 저를 만족케 하며"라고 하였다.

 (2) 순종의 방법. ① 부모의 마음을 기쁘게 함. 부모를 기쁘게 하는 제일 귀한 요소는 부모의 신앙사상을 존중히 함이다. 예수님은 십자가에서 운명하실 때에 그 모친을 요한에게 맡기셨으니, 그것은 어머니의 신앙을 돕기 위한 것이다(요 19:25-27). 룻은 모압 땅에서 남편이 죽은 뒤에 그 시모 나오미를 따라서 유다로 갈 때에 "어머니의 하나님이 나의 하나님이 되시리니"(룻 1:16)라고 하였다. ② 부모를 봉양함. 이것은 부모를 물질로 도와드림이다.

27
백부장의 신앙
◆ 눅 7:1-10 ◆

1. 남을 나보다 낫게 여기는 겸손

백부장이 사람들을 시켜서 예수님의 권능 행하시기를 청하였으니, 그것은 교만과 같이 보인다. 그러나 후에 알고 보니 그것이 그의 겸손이었다. 자기로서는 예수님을 접촉하기가 황송하다고 생각되어서 그는 남들을 내세운 것이다. 우리는 남보다 내가 나은 줄 아는 착각으로 속아 살고 있다. 우리가 아무리 남을 해하지는 않았을지라도 주님을 위하지 않았으면 주님에게 대하여 도적과 같은 자이다.

백부장은 자기보다 남을 낮게 여기고 남을 내세워 일하였으니, 이는 주님도 높이고 남도 높인 행동이며, 중심에서부터 자기를 낮춘 행동이다.

2. 말씀만 하시면 될 줄 아는 신앙(7절 상반)

(1) 예수님의 말씀은 거리(距離)에 구애되지 않고 효과를 내는 말씀인 줄 그는 믿었다. 시간적 격차도 없고 공간적 거리도 없을 줄 믿었

다. 하나님께서는 사람들이 그의 말씀에 접촉하는 것을 성령으로 감시하시며 기뻐하신다.

(2) 예수님 말씀은 인격과 인격의 접촉이 없어도 효과 있는 줄 그는 믿었다. 예수라는 인물을 보지 못하였어도 그의 말씀을 접촉함이 바로 그를 접촉하는 것과 다름이 없는 줄 아는 그의 신앙은 위대하다. 사람은 그의 말과 인격이 서로 다르게 되는 일이 있다. 그러나 예수님은 그의 말씀과 그의 인격이 동일하시다. 우리가 그의 말씀을 믿지 않기 때문에 그 말씀의 효과를 못보는 것이지 그의 말씀을 믿었는데도 불구하고 그 말씀의 효과를 보지 못하는 법은 없다.

(3) 그는 예수님의 말씀이 영계(靈界)에서 운동력이 있는 말씀인 줄 알았다. 그는 이것을 군대의 명령과 같을 것으로 추론하였다. 예수님의 말씀은 마귀들이 두려워한다.

3. 실생활에 옮겨진 신앙(8절)

우리가 신앙, 신앙하면서 실생활이 믿음에 부합하지 않으면 되겠는가? 우리가 하나님께 바치는 일에 관하여 생각해 보자. 만일 우리가 하나님을 제일로 알고 하나님을 우리의 가정에 모시기를 원한다고 하면서 하나님께 바치는 일에 있어서는 약소하다면 우리의 신앙은 공론(空論)이 되고 만다. 하나님께서 우리의 언행을 다 아시는 줄 믿는다고 하면서도 우리가 은밀한 죄를 계속 범하며 또 가정에서 남을 비방한다면 이는 실상 하나님의 전지(全知)하심을 믿지 않음이다.

28
예수님의 일을 도와드리는 방법
◆ 눅 8:1-3 ◆

1. 예수님의 일은 무엇인가

예수님의 일은 복음 전도이다. 복음은 예수님께서 죽었다가 다시 살아나심을 말함이니, 그것을 전파하는 것만이 유일(唯一)한 일이다. 이것이 사도들의 전한 복음이다. 복음은 우리의 죄를 해결하여 주며, 우리로 하여금 하나님을 소유하도록 하여 준다. 우리가 두려워할 것은 죄 밖에 없고 우리가 원하는 것은 하나님밖에 없다. 그러므로 요한 웨슬레는 말하기를 "죄를 무서워하고 하나님만 원하는 사람이 있다면 그는 지옥문을 진동할 자이다"라고 하였다.

과연 인생에게 복음처럼 귀한 것은 없다. 바울은 그 시대에 있어서 가장 많이 여행한 사람이었지만, 그의 편지들을 보면 어떤 지방의 지리나 경치에 대하여 말한 것은 전혀 없고, 그리스도를 증거한 사실에 대해서만 말했다. 그만큼 바울은 그리스도의 복음밖에 다른 것에 대하여는 눈감아 버린 것이 분명하다. 다시 말하면 그에게는 복음밖에 중요한 것이 없었다.

2. 예수님의 제자들이 예수님의 일을 도와드림

그것은 본문이 말한 것과 같이 그들이 예수님과 함께 있은 사실 그것뿐이다. 우리 인간의 힘으로는 예수님의 일을 할 수 없다. 인간들은 다만 주님과 함께하는 것이 주님의 일을 돕는 것이다. 사람이 주님과 함께하면 그를 통하여 주님의 빛과 능력이 나타난다. 그 능력이 주님의 일에 이바지한다. 그러면 주님과 함께 하는 비결은 무엇인가? 그것은 ① 기도하는 것이며, ② 그의 말씀을 믿는 것이며, ③ 그의 말씀을 순종함이다. 주님은 어디든지 계신고로 우리가 진실하게 기도하기만 하면 그로 더불어 교제가 되어진다. 뿐만 아니라, 그의 말씀은 그를 대리하는 것이니, 누구든지 그 말씀을 믿으며 순종할 때에 그로 더불어 접촉이 되어진다(참조, 요 14:21-24).

3. 여자들이 주님의 일을 도움

본문에, 여러 여자들이 자기들의 소유로 주님과 그 제자들을 섬겼다고 한다. 하나님의 교회에 있어서 누구든지 물질로 봉사하면 그것은 복음에 수종드는 일이다. 빌립보 교회가 물질로써 사도 바울을 도왔을 때에 그것이 복음 전도에 참여하는 귀한 일이 되었다(빌 1:6; 4:13). 옛날부터 부녀들이 물질로써 하나님의 일을 많이 봉사하여 왔다. 이것은 하나님께서 부녀들에게 주신 특별한 은혜이다. 이스라엘에 흉년이 든 때에 사렙다의 가난한 과부는 떡을 좀 달라는 엘리야의 청원을 받았다. 그는 한끼 음식을 지어 먹고 죽으려던 것을 털어서 그에게 떡을 만들어 주었다. 그렇게 한 결과로 하나님의 은혜가 임하여 기적적으로 밀가루와 기름이 풍성하여졌다(왕상 17:8-16). 예수님 당시에는 가난한 과부가 자기의 연명할 것을 하나님께 바쳤다(눅 21:1-4).

　리빙스톤이 아프리카 선교사로 갈 때에 한 여성도가 자기의 저축하였던 돈을 그에게 주면서 하는 말이, 아프리카에 가서 수종들어 줄 사람을 위해서 쓰라고 했다. 리빙스톤은 아프리카에 가서 그대로 하여 쎄반티노라는 사람을 수종자로 세웠다. 한번은 리빙스톤이 여행 중에 사자를 만나 싸우다가 오른 팔이 부러졌다. 그때에 쎄반티노가 사자로 더불어 싸워 그를 구원하였다고 한다. 물질로써 주님의 복음을 위하여 봉사하는 것은 말할 수 없이 귀하다. 그리스도를 믿는 자는 물질로써 주님의 복음에 수종드는 일을 피하면 안된다. 그의 소유한 모든 물질은 하나님의 것이다.

　호레이스 부시넬(Horace Bushnell)이라는 유명한 설교자는 다음과 같이 말하였다. 곧 "복음을 위하여 물질을 바치는 일에 협력하지 않는 자는 이러한 자들이다. 곧, ① 사람이 죄악으로 망하지 않았으며, 구주가 필요 없다고 생각하는 자. ② 예수님의 말씀하신 바 '온 세상에 가서 모든 사람들에게 복음을 전하라'고 하신 것을 실수라고 생각하는 자. ③ 복음은 하나님의 능력이 아니며, 그리스도를 믿는 믿음으로는 구원 받지 못 한다고 생각하는 자. ④ 일찍이 선교사들이 우리들에게 찾아 온 적이 없고, 우리는 아직 불신자라고 생각하는 자. ⑤ 이기주의가 제일이라고 생각하는 자. ⑥ 그리스도의 최후 승리의 영광에 참여하지 않으려는 자. ⑦ 물질 문제로는 하나님 앞에 심문 받을 일이 없다고 생각하는 자. ⑧ 그리스도의 마지막 심판을 받겠다고 생각하는 자이다"라고 하였다.

29

선한 사마리아 사람 1

◆ 눅 10:25-37 ◆

주님께서 선한 사마리아 사람을 들어서 말씀하신 동기는 그를 찾아와서 질문한 율법사(律法司)가 제시한 문제를 해결하시기 위함이다. 곧, 율법사가 질문한대로 "내 이웃이 누구오니이까" 하는 문제의 해결을 위함이다. 주님께서 이 문제를 해결하시기 위하여 선한 사마리아 사람의 행한 일을 관설하신대로 결국 이웃이란 것은 사람이 무조건적 사랑으로 만들어야 된다는 것이다. 사랑 없는 세계에는 친척도 이웃이 아니고 고향 사람도 이웃이 아니다. 그러나 사람이 그 원수라도 사랑하면 그의 이웃이 되어진다. 예수님의 이 부분 말씀은 사람이 남을 사랑할 때에 어떤 조건부로 하지말고 원수 사랑하는 심정으로 해야 된다는 것이다. 그만큼 무조건적으로 남을 사랑해야 된다는 것이다.

1. **우리가 살고 있는 이 세상은 여리고로 내려가다가 강도에게 맞아 넘어진 사람처럼 거반 죽은 세상임**(30절)

예수님께서 강도에게 맞아 넘어진 사람을 우리의 사랑할 대상으로 제시하신다. 이것은 육적 구제(육신의 사정이 난처해진 사람을 돕는 것)를 장려하시기 위하여 하신 말씀은 아니다. 이 말씀이, 물론 육적 구제를 전혀 제외시켰다고는 할 수 없다. 그러나 이 말씀을 하시는 예수님의 동기는 우리로 하여금 영적 구제(靈的救濟)에 뜨거운 관심을 가지도록 하려는 데 있다. 예수님의 이 담화가 영적 구제를 목표한 것임이 명백한 이유는 본문이 영적 재료들을 중요하게 가지고 있기 때문이다.

예를 들면 제사장과 레위인이 그 강도에게 맞아 넘어진 자를 돕지 않고 지나갔다는 말씀이다. 왜 하필 여기에서 제사장과 레위인을 관설했을까? 그 이유는 그들은 구약시대에 영적 사업을 맡은 자들이기 때문이다. 그러므로 우리는 여기 이 사건에 있어서 요구되는 구조(救助) 행위가 영적 행위라는 것이다. 뿐만 아니라, 예수님께서 이 담화에 있어서 제사장과 레위인의 대조(對照)로 사마리아인을 관설하신 것도 의미심장하다. 사마리아인은 이방인과 마찬가지로 취급되었는데 신약에서 유대주의적인 육적 이스라엘의 반대로 특별히 영적 이스라엘을 대표하는 처지에서 관설된다. 열 문둥이가 고침 받은 사건에 있어서도 유독히 사마리아인이 예수님을 찾아와서 경배하였다는 말씀이 있다(눅 17:18-19). 요컨대 여기서 사마리아인은 육적(肉的)으로 움직이지 않고 영적(靈的)으로 하나님을 영화롭게 한다는 사상이 드러난다.

이 사실들로 보아서 선한 사마리아 사람의 기사(記事)에서 역설되는 점은 영적 구조이다. 그러므로 우리는 강도에게 맞아 쓰러져 거반 죽어가는 사람으로 멸망하여 가는 이 세상 사람들의 영혼을 비유하였다고 함이 지당한 줄 안다. 과연 사람들의 영혼은 죽어가는 상태에 있다. 엡 2:1에는 우리의 영혼이 "허물과 죄로 죽었다"고 한다. 이 세상 사람들은 왜 영혼이 없다고 하는가? 그 이유는 그들의 속에 있는 영혼이 하나님 앞에서 죽었기 때문이다. 곧, 하나님 앞에서는 그들의 영혼이 죽었다. 그들의 영혼은 하나님 앞에서 기뻐할 줄도 모르고, 두려워할 줄도 모르고, 아무런 동작도 할 줄 모른다. 이것이 바로 영혼의 죽은 상태이다. 물론 하나님의 말씀(엡 2:1)이 보여준 것과 같이, 영혼이 죽은 원인은 하나님과 사람이 원수되게 한 죄악, 또는 강도와 같이 잔인무도한 죄악이 그 영혼을 주장한 까닭이다. 우리가 이 세상을 이러한 죽음 세상으로 알아야 그것에 대한 확실한 대책을 세우게 된다. 그 대책은 다른 것이 아니고 영혼을 살릴 수 있는 유일한 방편이 되는 하나님의 말씀을 전파함이다. 중국에서 사역하였던 유명한 선교사 허드슨 테일러는 중국 민족의 무수한 영혼들이 지옥으로 떨어지는 것을 영안(영적인 눈)으로 보았기 때문에 중국 선교에 목숨을 바쳤다.

이 세상 사람들은 죽은 처지에 있으면서도 자기들이 죽은 줄도 알지 못한다. 따라서 이 비극에 대한 대책을 전혀 강구하지도 않는다. 사람이 이 세상을 낙관적(樂觀的)으로 취급하고 잘못 알기 때문에 긴급히 구원받을 길을 택하지 못한다. 누구든지 이 세상에 죽은 영혼들이 가득한 사실을 발견한다면 그는 긴급히 올바른 생활 태도를 결정할 것이다. 스코틀랜드의 유명한 맥체인 목사는 자기 형이 죽었다는 부고를 받고 형의 시체실에 혼자 들어가 시체를 볼 때에 그 영혼이 어디 갔을까 하는 생각이 일어나서 그 자리에서 그리스도를 전적으로 신앙하게 되었다. 영혼이 어디로 가는가 하는 문제가 우리에게는 제일 큰 것이다. 그러므로 지혜 있는 자는 죽기 직전에라도 죄를 회개한다. 어떤 먼 곳에 홀로 가서 탐험하던 한 젊은 탐험가는 그 외따른 곳에서 먹을 것을 찾지 못하여 뼈만 남아 죽으면서 최후로 써 놓은 글은 다음과 같다. 곧 "내가 걱정하는 바는 하나님께서 나의 죄를 사하여 주실까" (The only thing I worry about is if God will forgive my sins)라고 한 것이다.

2. 제사장과 레위인이 그 거반 죽어가는 사람을 보고 피하여 지나감(31-32절)

이것은 영혼을 구원하기 위하여 세움이 된 신자들이 죽어가는 영혼들을 보고도 복음을 전하지 않는 사실을 비유한다. 믿는 사람들이 영혼 구원 사업을 참되이 하지 않고 회피하는 일이 많다. 어찌하여 영혼 구조를 맡은 사람들이 이와 같이 되었을까? 이와 같은 이상한 현상은 여러 가지 원인을 가지겠지만, 다음과 같이 몇 가지 중요한 원인들을 생각할 수 있다.

(1) 사람을 볼 때 외모만 보고 영혼을 보지 못하는 어두움. 신자가 심령의 눈이 맑으면 사람들의 영적 내막을 보고 그들을 불쌍히 여길 것이다. 그러나 많은 신자들이 그렇지 못하여 사람들의 외모를 보는 데서 멎어진다. 이와 같이 심령의 눈이 어두운 자들에게 대하여 계 3:18은 말하기를 "안약을 사서 눈에 발라 보게 하라"고 한다. 안약은 심령을 밝혀 주는 은혜를 비유한다.

(2) 신자들이 흔히 하나님 말씀에 대한 감각이 마비되어진 것이 또 하나의 원인임. 성경에는 "만일 복음을 전하지 아니하면 내게 화가 있을 것임이로다"(고전 9:16)라는 말씀도 있고, "네가 그를 깨우치지 아니하면 그가 그 죄 중에서 죽으려니와 그 피 값은 내가 네 손에서 찾으리라"(겔 3:20)란 말씀도 있고, "한 영혼이 천하보다 귀하다"(마 16:26)는 말씀도 있다. 그러나 신자들이 너무 이런 무거운 말씀을 자주 듣고 실행치 않았기 때문에 심령이 마비되어 이 말씀의 중대성을 못 느낀다. 이런 마비 상태는 치료를 받아 고침이 되어야 한다.

3. 사마리아 사람은 강도에게 맞아 넘어진 사람을 구조하였음

여기 이른바 사마리아인은 제사장이나 레위 사람 같은 종교적 특권이나 지위를 가지지 못한, 그야말로 종교적으로는 공백 상태의 사람을 가리킨다고 할 수 있다. 신자들 중에는 그들이 가진 어떤 지위나 사업으로 위로를 받으며, 자기들은 일반인과 다른 특권의 사람인 듯이 은근히 교만해져서 하나님을 전적으로 믿지 않는 폐단이 많다. 혹시 종교적 지위나 사업을 남달리 가진 일이 없는 자도 자기만은 누구보다도 잘 믿는다는 교만한 생각을 가지고 역시 하나님을 전적으로 의지하지 않는 폐단도 있다. 어쨌든 이런 부류(部類)의 사람들은 자기 자신을 종교적으로 아무 공로나 의(義)가 없는 공백 상태의 사람으로 여길 줄 모르고 스스로 의롭다 하는 물이 들어 있다.

예수님은 이런 것을 극도로 좋지 않게 여기시는 의미에서 이런 것과는 관계없는 사마리아인을 도리어 천국에 가까운 자로 보셨다. 그는 이런 물이 들어 있는 서기관과 바리새인들 보다는 세리와 창기가 도리어 하나님 나라에 가깝다고 말씀하셨다(마 21:31-32). 그는 이방인들이 도리어 이런 물이 들지 않았다고 생각하셨다. 이런 의미에서 그는 말씀하시기를 "그러므로 내가 너희에게 이르노니 하나님의 나라를 너희는 빼앗기고 그 나라의 열매 맺는 백성이 받으리라"(마 21:43)고 하셨다.

선한 사마리아인이 강도에게 맞아 쓰러진 사람을 구조한 방식은 어떠했는가? 그것은 33-35절이 보여 준다. 그것은 사랑이다.

(1) 사랑은 보수를 기대하지 않음. 선한 사마리아 사람은 아무런 보수도 기대하지 않았다. 참된 사랑은 상대방의 불쌍한 처지만 생각하고 자기를 희생한다. 그리스도의 사랑이 이와 같은 것이다(롬 5:6).

(2) 이 사랑은 그 구조에 있어서 자세함. 우리 본문을 보면 아홉 차례나 돌아본 태도가 나타났다. ① 불쌍히 여김. ② 가까이 감. ③ 기름과 포도주를 상처에 부음. ④ 싸매어 줌. ⑤ 자기 짐승에 태움. ⑥ 주막으로 데려감. ⑦ 돌아봄. ⑧ 주막 주인에게 두 데나리온을 주어 돌보아 주도록 함. ⑨ 비용이 더 들면 후에 갚겠다고 한 것 등이다.

(3) 끝까지 돌보아 장래의 문제 해결까지 보장함. 참 사랑은 가던 도중에 끊어지는 것이 아니고 끝까지 계속하는 법이다. 사람의 영혼 구원을 위하는 사랑은 그 영혼이 염려 없이 천국에 들어가도록까지 돌아보아주는 것이다. 우리는 복음운동에 있어서, 특별히 사마리아인이 나타낸 사랑과 같이 사람들의 영혼을 취급해야 된다. 사람으로 더불

어 교제함에 있어서 그 외모적인 것도 조심하지 않으면 오래도록 지속하기 어렵다. 사람의 속에 깊이 있는 영혼을 낚는 일은 더욱 그러하다. 이 일은 위에 말한 것같이 깊은 사랑으로 행하지 않고는 성과를 거둘 수 없다. 이 영적인 일에 있어서 특별히 아홉 겹이나 깊이 들어가는 사랑을 가지고서만 영혼을 낚을 수 있다. 현대에는 이와 같은 참된 구령운동(救靈運動)을 보기 어렵다. 모두 다 사랑을 부르짖으나 사랑을 행하는 데 있어서는 극히 피상적(皮相的)이어서 위의 아홉 겹의 사랑은커녕 한 겹도 못 들어가는 일이 많다.

30
선한 사마리아 사람 2
◆ 눅 10:25-37 ◆

예수님이 여기서 가르치신 것은 육적 구제의 필요이지만 영적 구제의 필요를 더욱 강조하셨다. 그 이유는 여기서 영적 사업을 맡은 제사장의 실수가 거론되었기 때문이다.

1. 제사장과 레위인이 강도에게 맞은 사람을 피하였음

제사장들은 매일같이 하나님의 말씀을 취급한다. 그러나 그들이 여리고 도상에서 윤리(倫理)를 외면하였다. 늘 좋은 말씀을 듣고 그대로 살지 않는 자는 자기를 속이는 일에 있어서 굳어져서 그 양심이 화인 맞은 것같이 된다. 듣고 행치 않는 것은 스스로 속이는 것이다. 약 1:22에 "너희는 도를 행하는 자가 되고 듣기만 하여 자신을 속이는 자가 되지 말라"고 하였다.

(1) 그들은 속고 또 속아서 이제는 극도의 교만에 끌려가 불행한 자를 불쌍히 여기지 못하고 도리어 흉악하게 느낀다. 그들이 말씀을 순종하며 낮아졌더라면 속지도 않고, 저런 무서운 교만에 끌려가지 않았

을 것이다.

(2) 그들은 속아서 이제 계명을 무거운 것으로 아는 이상한 심리를 가지고 있다. 그러나 계명은 무거운 것이 아니다(요일 5:3). 계명은 독수리에게 있어서 날개와 같다. 독수리의 날개는 무거워 보이는 것뿐이다. 그것은 독수리로 하여금 높이 공중에 뜨게 만든다. 사람이 하나님의 계명을 지키므로 하나님과 가까워진다.

(3) 그들은 속아서 이제는 괴로운 현실을 도피할 생각을 가졌으며, 사회 윤리에 대하여 외면한다. 그들은 종교의 분위기로만 자족하고 저희는 고르반이 되었다(마 15:5; 막 7:11)는 주장을 세운다. 그들은 이제는 편리주의로 기탄없이 걸어간다. 그야말로 그들은 쉽게 가는 주의를 세웠다. 그들은 말씀을 듣기만 하고 행하지 않으려고 한다. 죽어가는 사람을 피하여 지나가는 일은 특별히 신자들에게 있는 죄악이다. 신자들은 산 자이고 불신자는 죽은 자인데(마 8:22), 그들이 복음 증거 없이 산다면 여리고 도상의 제사장들과 같다.

2. 사마리아 사람

(1) 하늘의 구원을 종교의 제도화로 보장할 듯이 생각하는 제사주의(祭祀主義)는 종교적인 교만과 허영을 대량 발생시킨다. 하나님은 도리어 종교적 풍채로 꾸미지 않은 순수한 인격을 쓰시기 원하신다. 그는 사마리아 사람이다. 신자들 중에는 사람들 앞에서 내가 누구라는 체면과 위신의 우상을 섬기는 자들이 많다. 그들은 내가 누구라는 의식

으로 그만 통조림과 같이 되어 생명이 없다. 그들은 죽은 지 오랜 시체와 같이 되어 있다. 이와 같이, 종교적으로 스스로 성취를 보았다고 자처하고 믿음에는 벌써 졸업장을 탔다는 사람들이 많다. 하나님은 이런 종교업자들을 버리신다. 예수님은 종교업자로 나타났던 바리새인더러 말씀하시기를 "세리와 창기들이 너희보다 먼저 하늘 나라에 들어가리라"(마 21:31)고 하였다. 성전에서 기도하는 자들 중 세리의 기도는 하나님께 상달되었으며(눅 18:13-14), 열 문둥이가 고침 받은 사건에서도, 그 중 사마리아 사람 한 사람이 예수님께 나와서 감사하였다(눅 17:16). 이와 같이 하늘 나라는 자기가 벌써 무엇이 된 줄 아는 것이 아니고, 아무런 자아의 선입 관념이 없는 어린아이 같은 신자들의 것이다. 로버트 홀은 큰 부흥가이지만 은혜로운 집회를 마치고 숙소에 돌아와 어떤 평교인에게 "사람이 하나님의 자녀 된 증거는 무엇일까요?" 하고 물어보았다고 한다. 그는 이와 같이 어린아이와 같았다.

(2) 선한 사마리아 사람이 강도에게 맞은 자를 사랑한 사랑은 매우 자세하고, 이것은 참된 사랑이 어떠함을 보여 준다. 그것은 변치 않는 사랑이다. 고전 13:8에 사랑은 언제까지든지 떨어지지 아니한다고 하였다. 과학은 우주에 대한 외부적 또는 수학적 관찰로 멎어지나, 사랑은 존재의 내부적인 본질 곧, 사람 속으로 뚫고 들어가면서 완성을 보려고 하는 것이다. 그의 사랑은 그 피해자를 자기 자신처럼 사랑한 것이다. 그가 자기 탔던 짐승에게 그 피해자를 태웠으며, 그가 그 피해자를 여관에 오랜 기간 유하게 하면서 치료를 받게 해 주었으며(두 데나

리온은 그 당시에 한 사람이 오랜 기간 생활할 수 있는 비용에 해당한다고 함), 뿐만 아니라, 자기 없을 동안 그 피해자의 치료비가 더 드는 것은 다 책임지겠다고 하였으니, 그것은 사실 무한한 책임을 지는 사랑이다. 그 비용이 얼마나 많을지 알 수 없는 것이다.

 그의 처사는 이와 같이 이웃을 자기 몸과 같이 사랑하는 것이었다. 이웃을 내 몸같이 사랑한다는 것은 사실상 이웃을 사랑하므로 나 자신을 사랑하는 것이 되어진다는 의미도 내포한다. 우리가 남을 사랑할 때에 그도 나와 같이 하나님의 형상으로 지음 받았으니 그를 나와 같이 존중히 하여 사랑함이다. 그와 동시에 기독신자는 남을 사랑하므로 나 자신의 신앙 인격이 발전한다는 것도 염두에 둔다. 기독교 인생관은 사람이 하나님의 상급을 바라보고 선을 행하는 것을 정당시 한다. 그것이 옳다고 할 이유는, 사람은 절대자가 아니고 하나님을 의지하여 바라보는 자이기 때문이다. 다시 말하면 그는 하나님께서 주시는 상급을 바라보는 것이 당연하다. 그러므로 기독신자는 남을 사랑할 때에 자기 자신을 사랑하듯이 열심히 할 이유와 동기를 가진 것이다.

 이와 같은 사랑은 신본주의(神本主義)의 것이다. 그 이유는 다른 사람의 영혼이 내 영혼과 같이 하나님의 형상으로 지음 받았다는 사실에 근거하여 생기는 사랑이기 때문이다. 신본주의의 생활은 물론 그리스도 신앙으로만 실현된다. 우리는 우리의 이성(理性)을 따라가지 않고 믿음을 따른다. 루터(Luther)는 이성을 짐승과 같다고 하였다.

31
응답 받는 기도
◆ 눅 11:5-8 ◆

하나님은 기도의 중요성에 대하여 "쉬지 말고 기도하라"는 말씀으로 강조하셨다(살전 5:17). 그런데 신자들은 기도를 제일 등한히 한다. 그러므로 기도 응답을 보기 드물다. 그러므로 우리는 무엇보다도 기도하지 않는 죄를 회개해야 된다. 조직 신학자 찰스 하지는 말하기를 "기도하는 영혼은 멸망하지 않는다"라고 하였다. 그러면 응답 받는 기도는 어떠한가?

1. 기도자가 친구들의 세계에서 살아야 됨

5-6절에 "벗"이란 말이 세 번 나온다. 이것은 분명히 기독신자에게 개인적인 원수가 없는 사실을 강조한다. 남을 미워하는 것은 나 자신을 죽이고 또 남을 죽이는 살인죄이다. 우리의 원수는 첫째가 우리 자신이고 그 다음에는 마귀이다. 응답 받는 기도자는 남들을 모두 다 친구로 삼고 남을 위하여 기도한다. 인디언을 위한 선교사 브레이너드는 날마다 숲속에 들어가서 인디언을 위하여 애써 기도하였는데 늘 옷

이 땀으로 흠뻑 젖었었다고 한다. 그는 그의 기도 제목이 된 인디언을 가리켜 "나와 같이 있지 않는 친구들"(My absent friends)이라고 하였다. 그는 이와 같이 남들을 친구로 여겨 사랑하였으며, 특별히 하나님을 사랑하여 말하기를 "하나님을 기쁘시게 하는 생활이 나의 천국이다."(My heaven is to please God.)라고 하였다. 그의 기도는 응답되어 그때 인디언 가운데 큰 회개 운동이 일어났다. 이와 같이 우리는 남들을 친구로 알고 위하여 기도할 때에 하나님의 응답을 받는다. 그러나 "주는 것이 받는 것보다 복이 있다"(행 20:35)는 예수님의 말씀을 지키는 자는 드물다. 자기 중심의 기도와 사욕을 위한 기도는 부정한 기도이다. 우리는 욥의 기도를 배워야 한다. 욥은 말하기를 "내 손에는 포학이 없고 내 기도는 정결하니라"(욥 16:17)고 하였다.

기도자는 특별히 하나님을 친구로 모셔야 된다. 영국 런던 시장(市長)을 지낸 토마스 애브니(Thomas Abney)가 시장 선거 직전에 선거를 위한 연회의 초청을 받았을 때에 그는 참석을 거절하였다. 그 이유는 그 연회 시간이 바로 자기 가정 기도회 시간과 일치하였기 때문이었다. 그는 그때에 말하기를 "나는 중요한 친구 접대 때문에 선거 연회에는 못 간다."고 하였다. 그 친구는 바로 예수 그리스도였다. 하나님을 친구로 모시는 이들의 믿음은 이렇다.

2. 강청하는 기도

이것은 부끄러움을 생각하지 않고 강청하는 기도이다. 이와 같은 기도 행위는 믿음이다. 이와 같은 기도자는 하나님께서 꼭 주실 줄 알고 그에게 매달린다. 엡 3:12에 말하기를 "우리가 그 안에서 그를 믿음으로 말미암아 담대함과 하나님께 당당히 나아감을 얻느니라" 하였고, 히 4:16에는 말하기를 "우리가 긍휼하심을 받고 때를 따라 돕는 은혜를 얻기 위하여 은혜의 보좌 앞에 담대히 나아갈 것이니라"고 하였다. 이와 같은 신앙의 태도는 실상 마 11:12의 말씀과도 잘 통한다. 거기 말하기를 "천국은 침노를 당하나니 침노하는 자는 빼앗느니라"고 하였다. 우리는 이와 같이 하나님 앞에 막 들어가서 강청할 수 있다. 그것이 정당화 된 이유는 그리스도께서 우리를 대신하여 죽어 주신 까닭이다.

32
표본적 기도
◆ 눅 11:5-8 ◆

예수님께서 가르쳐 주신 기도이기 때문에 이를 표본적 기도라고 한다.

1. 밤중 기도

밤은 어느 때인가? 그것은 곤란한 때를 비유한다. 애 2:19에 말하기를 "밤 초경에 일어나 부르짖을지어다 … 각 길 머리에서 주려 혼미한 네 어린 자녀의 생명을 위하여 주를 향하여 손을 들지어다"라고 하였다. 여기 "밤 초경"이란 말은 "경의 첫머리"란 뜻인데 밤의 4경(1경은 3시간임)의 매 초두에 기도하라는 뜻이다. 이는 환난 때에 깨어 기도해야 될 것을 가르친다.

그러나 환난 때는 어두움의 세력이 강하므로 많은 사람들이 그 세력과 타협하면서 기도는 하지 않는다. 그러므로 이때에 우리는 기도해야 된다. 그때의 기도는 사막의 진주처럼 귀하게 간주된다.

2. 확정적이고 명백한 소원이 있음

우리 본문에 의하면 친구를 찾아 와서 떡을 빌리라고 하는 사람은 일정한 수량의 떡을 구하였으니, 그것은 "떡 세 덩이"였다. 그는 그저 "떡"이라고 하지 않고 "떡 세 덩이"라고 하였다. 사람이 하나님께 무엇을 구할 때에는 이와 같이 명확히 하는 것을 하나님께서 기뻐하신다. 그 이유는 그것이 막연하지 않고 진실한 기도이기 때문이다. 그런 기도가 응답될 때에 기도자는 하나님의 살아 계심을 더욱 명확히 믿게 된다. 하나님도 성경에 약속하신 대로 이루어 주신다. 그러므로 우리의 기도는 명확한 요구를 가지어 진실성이 있어야 된다. 어떤 사람은 가물 때에 기도하기를 "이제부터 24시간 안에 비가 오면 기도 응답으로 알겠습니다."라고 하였는데 과연 24시간 내에 비가 왔다고 한다. 이 기도의 약속 성격은 귀하다.

3. 친구의 세계에서 기도함

우리의 원수는 나 자신과 마귀밖에 없다. 성경에서 가르치는 것은 "나를 쳐 복종시키라" 하였고 "마귀를 대적하라"고 하였다. 나 개인에게 좋지 않게 대한 사람을 원수로 알면 안된다. 히 12:14에 말하기를 "모든 사람으로 더불어 화평함과 거룩함을 좇으라 이것이 없이는 아무도 주를 보지 못하리라"고 하였다.

33

부자의 오산(誤算)

◆ 눅 12:16-21 ◆

성경은 부자를 미련하다고 하며, 부자의 장래가 불행한 것을 경고한다. 물론 그것은 하나님을 믿지 않고 재물만 의지하는 부자를 가리킨 말씀이다. 그러므로 하나님을 모시지 못한 부자는 위험하다. 그런 자는 영혼의 양식도 모르며 하나님의 주권도 모른다.

1. 영혼의 양식이 무엇임을 잘못 알았음(19절)

영혼은 곡식으로 살리지 못한다. 옛날에 공작새를 먹이려고 그 사료(飼料)를 구하는 데 애를 쓰다가 공작새의 먹이가 낯거미줄인 것을 발견했다고 한다. 영혼은 하나님의 말씀으로야 산다. 영혼은 영원한 것을 사모하는데(전 3:11), 세상에서 영원성 있는 것이 무엇인가? 그것은 하나님의 말씀이다. 벧전 1:24에 말하기를 "모든 육체는 풀과 같고 그 모든 영광이 풀의 꽃과 같으니 풀은 마르고 꽃은 떨어지되 오직 주의 말씀은 세세토록 있도다"라고 하였고, 벧전 2:2에는 말하기를 "갓난 아이들 같이 순전하고 신령한 젖을 사모하라 이는 이로 말미암아 너희로 구원에 이르도록 자라게 하려 함이라"고 하였다. 암 8:11에 말하기를 "양식이 없어 주림이 아니며 물이 없어 갈함이 아니요 여호와의 말씀을 듣지 못한 기갈이라"고 하였다. 어리석은 부자는 이것을 모르고 곡식으로 영혼을 살리려고 하였다.

2. 하나님께서 생명을 주장하심을 몰랐음(20절)

사람은 영혼을 제 마음대로 지켜 두지 못한다. 성경에 사람의 생명의 무상(無常)함을 여러 가지로 표현하였다. 곧 "잠깐 보이다가 없어지는 안개"(약 4:14), "풀"(사 40:6), "나그네와 우거한 자"(대상 29:15)라고 하였다. 그러므로 이런 인간을 의지하는 자를 경계하여 말하기를 "너희는 인생을 의지하지 말라 그의 호흡은 코에 있나니 수에 칠 가치가 어디 있느뇨"(사 2:22)라고 하였고, "나 여호와가 이같이 말하노라 무릇 사람을 믿으며 혈육으로 그 권력을 삼고 마음이 여호와에게서 떠난 그 사람은 저주를 받을 것이라"(렘 17:5)고 하였다.

미련한 부자는 이 사실을 알지 못하였다. 그는 인간의 목숨의 허무성을 깨닫지 못하고 헛된 장담을 하였던 것이다.

34
적은 무리
◆ 눅 12:32 ◆

"적은 무리"란 말은 성경에 흔하지 않다. 그러나 이 말이 우리에게 주는 뜻은 무엇보다도 크다. 비록 소수이지만 하나님께서는 그들을 인하여 기뻐하시고, 그들을 사랑하신다.

1. 적은 무리의 의미

여기 이른바 "적은 무리"(τὸ μικρὸν πόιμνιον)는 "적은 양 떼"를 뜻한다. 이것은 귀한 말이다. 왜 신자들의 무리를 "적은 양 떼"라고 하였을까? 사실상 "양 떼"란 말을 붙일 수 있는 신자들은 소수라도 귀하다. 그 이유는 양과 같은 신자가 참 신자이기 때문이다. 양은 목자에게 순종하기로 유명한 짐승이다. 성경이 그리스도의 순종을 진술함에 있어서도 양의 순종으로 비유하였다. 행 8:32에 말하기를 "저가 사지로 가는 양과 같이 끌리었고 털 깍는 자 앞에 있는 어린 양의 잠잠함과 같이 그 입을 열지 아니하였도다"라고 하였다. 그러므로 적은 양떼는 하나님을 기쁘시게 하는 소수의 신자들을 가리킨다. 예수님은 그들을 귀히 여기신다. 이런 신자들이라면 두세 사람이라도 그가 사랑하시고 그들과 함께하시겠다고 약속하셨다. 마 18:20에 말하기를 "두세 사람이 내 이름으로 모인 곳에는 나도 그들 중에 있느니라"고 하셨다. 그러면 우리가 양 떼가 되려면, 목자이신 예수님을 잘 따르며 순종해야 된다. 삼상 15:22에는 "순종이 제사보다 낫다"고 하였다. 순종은 내 마음에 맞는 것만 순종함이 아니다. 그것은 내 마음에 맞지 않는 것을 순종함에서 더욱 그 의미를 드러낸다. 사람들끼리도 마땅히 순종해야 할 자가 이따금 거역한다면 그로 인해 얼마나 손해를 당할 것인가? 그런 사람은 믿을 수 없다. 그러므로 순종은 습관화 되어야 한다. 습관은 제 이의 천성이다. 순종을 습관화 하려면 자기를 쳐 복종시킬 줄 알아야 된다(참조, 고전 9:27).

그리고 양은 희생되는 제물이다. 우리 신자들도 그렇게 되어야 한다. 교회가 잘되려면 희생자들이 있어야 된다. 물질을 바치는 희생자, 기도로 철야하는 희생자, 노력을 바쳐 봉사하는 희생자, 생명을 바치는 희생자들이 반드시 있어야 된다.

2. 무서워 말라고 하심

사람들에게는 염려와 걱정이 많다. 그 많은 염려는 주로 두려워함이다. 그러나 우리가 바로 살기만 하면 이 염려는 없어진다. ① 생계(生計)에 대하여는 나의 최선을 다하여 고생하므로 염려가 없어지고(마 6:34), ② 하나님께 대하여는 전적으로 그를 믿으므로 두려움이 없어지고(시 11:1; 27:1; 56:3, 11; 요 14:1), ③ 사람에게 대하여는 사랑을 힘써야 한다(요일 3:14). 요일 4:17에 말하기를 "이로써 사랑이 우리에게 온전히 이룬 것은 우리로 심판날에 담대함을 가지게 하려 함이니"라고 하였다(참조, 약 2:13).

35
교회의 할 일
◆ 눅 15:8-10 ◆

"여자"는 성경에서 교회를 비유한다. 요이 1:1에 말하기를 "택하심을 입은 부녀와 그의 자녀에게 편지하노니"라고 하였다. 뿐만 아니라, ① 교회는 신부처럼 절개를 지키고 청결하게 살 자라는 의미에서(고후 11:2), 빛나고 깨끗한 세마포를 입은 어린 양의 "아내"라고 하였다(계 19:7-8). ② 교회는 자유하는 여자로 비유되어(갈 4:23), 많은 자녀들을 둘 자이다(갈 4:27) ③ 교회는 부모나 처자나 자녀나 전토보다 그리스도를 더 사랑하여 그리스도와 연합할 자이다. 엡 5:31-32에는 "이러므로 사람이 부모를 떠나 그 아내와 합하여 그 둘이 한 육체가 될지니 이 비밀이 크도다 내가 그리스도와 교회에 대하여 말하노라"고 하였다. 그러면 교회의 할 일이 무엇인가? 그것은 전도이다.

1. 교회는 남들의 영혼에 대하여 책임을 진다

우리 본문에 "잃으면"이란 말이 있다. 교회는 자기가 사람들의 영혼을 잃은 듯이 책임감을 가지고 그 영혼들을 찾는다. 교회는 복음을 전하지 않으면 자기에게 화(禍)가 미친다고 생각하는 자이다(고전 9:16; 롬 1:14; 겔 3:18). 기도의 사람이었고 인도에서 선교한 하이드(Hyde)는 기도하기를 "아버지여 나에게 이 영혼들을 주옵소서, 그렇지 않으면 나는 죽겠나이다"라고 하였다.

2. 교회는 등불을 켜듯이 믿음대로 생활이 선하여야 죄인들의 마음을 돌이킬 수 있다

세상이 어두움이라면 교회는 빛이다. 빛은 밝혀 주는 것과 뜨겁게 하는 작용을 가진다. 빛 없는 세상에서는 생명이 살 수 없다. 교회는 죄를 분명히 가르쳐 주어 사람들로 위험을 면하게 하고, 또 사랑의 온기를 주어서 살려준다. 마 5:16에 "이같이 너희 빛을 사람 앞에 비취게 하여 저희로 너희 착한 행실을 보고 하늘에 계신 너희 아버지께 영광을 돌리게 하라"고 하였다.

3. 교회는 방을 쓸듯이 철저히 또는 주밀하게 영혼들을 찾는다

(1) 이것은 모조리 전도해 나아가는 전도이다. 이것은 듣든지 말든지 전도해 나아가는 전도이다. 이와 같이 전도하는 자는 언제나 믿음으로 한다. 고기 잡는 사람은 그물을 던지는 것이 헛수고가 될지언정 그것을 던진다. 전도자가 일이 안될 것 같다고 안한다면 언제라도 할 수 없다.

(2) 이것은 주밀한 전도이다. 교회는 바로 그 교회당이 위치해 있는

지방의 주민들의 생활 실태를 잘 알도록 힘써야 한다. 그리고 그 모든 사람들에게 영향을 미치도록 힘써야 된다. ① 어린이 선교 운동이 그 방법 중 하나이며, ② 노방 전도가 역시 그 한 가지이다.

36

영광은 하나님께 돌리자

◆ 눅 16:14-15 ◆

시 115:1-3에 "여호와여 영광을 우리에게 돌리지 마옵소서 우리에게 돌리지 마옵소서 오직 주의 인자하심과 진실하심을 인하여 주의 이름에 돌리소서 어찌하여 열방으로 저희 하나님이 이제 어디 있느냐 말하게 하리이까 오직 우리 하나님은 하늘에 계셔서 원하시는 모든 것을 행하셨나이다"라고 하였다.

1. 하나님의 말씀을 순종함으로 하나님을 영화롭게 할 것

삼상 15:22에 "순종이 제사보다 낫고"라고 하였다. 그런데 우리가 순종하기는 어렵다고 생각한다. 그러나 그런 생각은 착각이다.

(1) 규율을 지키지 않는 생활 곧 태만한 생활은 얼마나 괴로운가? 의를 행하면 유쾌하다. 그런데 그와 반대로 게으르면 그 결과로 앞길이 가시 울타리 같이 된다. 잠 15:19에 말하기를 "게으른 자의 길은 가시 울타리 같으나 정직한 자의 길은 대로니라"고 하였다.

(2) 성격에 결함이 있어서 하나님의 말씀을 순종하지 못한다. 예를

들면 급히 화를 내는 성질 같은 것이다. 그러나 이것도 우리가 성의 있게 고치려면 고쳐진다. 사람이 이런 고질 때문에 얼마나 많은 손해를 당하는가? 그러므로 우리는 그것을 고치기 위하여 전력을 다해야 된다. 우리가 육신의 질병을 고치기 위해서는 얼마나 힘쓰는가?

(3) 하나님의 말씀을 지키다가 핍박을 받는 일도 있다. 그러나 이 일에 대하여는 깊이 생각할 일이 있다. 우리가 핍박 시대에는 고난을 받을 각오를 해야 된다. 그런 때에 우리가 고난을 피하면 한평생 부끄러운 생활을 하게 된다. 그러나 우리가 그때에 주님을 위하여 고난을 받으면 말로 형용할 수 없는 큰 상급을 받는다. 우리는 탄광에서 일하는 광부들의 고생을 잘 안다. 그들은 적은 임금을 받기 위하여 지하에 들어가서 석탄을 캐내오기에 많은 고생과 희생을 당하는 일도 있다. 우리가 주님을 위하여 고난을 받으면 생명의 면류관이 우리를 기다린다 (참조, 계 2:10).

2. 직책에 훼방을 돌리지 않는 생활로 하나님을 영화롭게 할 것

우리가 주님을 위하여 직분을 받았으면 그 책임이 중대하다. 성직은 하나님의 영광을 위하여 있는 것이고 성직 받는 자의 영광을 위한 것이 아니다. 직분을 받은 자는 교회에서 모든 교인들을 위하여 바로 행해야 된다. 그는 항상 하나님이 보시는 앞에서 사는 자로서 조심해야 되며, 또 그 직분에 해당되는 실적(實績)을 나타내야 된다. 성직을 받는 것은 신중히 할 일이므로 그것을 받지 않으려고 피하는 이들도 있다. 크리소스톰(Crysostom)은 감독이 되지 않으려고 도망했었으나 사람들이 그를 잡아서 결박시켜 데려다가 감독으로 세웠다.

37

항상 기도하자

◆ 눅 18:1-8 ◆

1. 계속되는 기도의 성격(1-6절)

예수님께서 가르치신 계속되는 기도에 대하여 우리는 세 가지를 생각할 수 있다.

첫째는, 그 기도자가 하나님 앞에 나아가서 원한을 풀어 달라는 것이다. 이것은 얼른 보면 이상하게 생각된다. 어떻게 모든 사람들을 사랑해야 될 성도가 원한을 품고 기도할 것인가? 그러나 우리가 자세히 생각해 본다면, 그 원한은 어떤 사람을 상대한 것이 아니다. 그것은 하나님의 심판으로야 풀리울 수 있는 것인 만큼, 이 세상의 모든 불의와 죄악을 상대한 것이다. 신자는 사람을 미워하지 않고 죄악과 불의를 미워한다. 그는 이 세상에서 죄악과 불의로 말미암아 하나님의 영광이 가리워진 사실에 대하여 언제나 원통한 생각을 가진다. 그는 자나 깨나 이 모든 원통한 사실들이 하나님의 간섭으로 인하여 귀정되기를 간절히 사모한다. 따라서 그의 기도의 초점은 자기 개인의 영달을 위한 것이 아니고 하나님의 영광을 위함이다.

둘째는, 계속 기도하는 자는 물결과 같이 동요하지 않고 하나님의 응답을 내다본다. 7절에 말하기를 "하물며 하나님께서 그 밤낮 부르짖는 택하신 자들의 원한을 풀어주지 아니하시겠느냐"라고 하였다. 여기서 "그 밤낮 부르짖는 택하신 자"란 말은 "자주 오는 과부"(3절)란 말과 대조된다. 하나님의 "택하신 자"는 불쌍한 과부보다 더욱 구원의 대상이 된다. 하나님의 "택하신 자"란 말은 여기서 중요하게 생각되어야 한다. 하나님이 택하신 백성은 항상 힘있게 기도할 수 밖에 없다. 우리가 하나님의 택하신 백성이라면, 우리는 하나님의 일을 이룰 자가 우리 자신들임을 알게 되며, 우리의 일에 실패 없을 것을 확신하게 된다. 그러므로 우리는 무엇이든지 무서워하지 않고 하나님의 약속을 믿고 돌진하기만 해야 한다. 우리는 마귀와의 싸움에 있어서 후퇴가 없다. 그러므로 요한 번연(John Bunyan)은 엡 6:14에 대하여 말하기를 "기독신자의 갑옷에 있어서 가슴에 붙이는 흉배는 있으나 등에 붙이는 것은 없다."라고 하였다.

1절에 "항상 기도하고 낙망치 말아야 될 것"을 강조했는데, 여기서 "항상"이란 말이 중요하다. 예수님의 이 부분 비유는 주로 그것을 가르치시려는 것이다. 우리의 기도가 이따금 발작적으로 쏟아져 나오는 것으로는 기도에 생명이 없다. 기도의 생명은 "항상" 실행됨에 있다. 인도에서 선교한 하이드(Hyde)는 항상 기도하였으므로 그의 별명은 '기도하는 중에 있는 하이드'(Praying Hyde)였다고 한다. 그는 특별히 감사하는 기도를 하므로 새 은혜를 많이 받는 체험을 하였다. 우리는 하나님 앞에 나올 때에 감사한 조건을 찾도록 힘쓰고 감사의 기도로 시간을 많이 잡아야 된다. 하이드는 말하기를 "우리는 환난을 당할 때에 감사하자. 그리하면 그 환난이 우리에게 왜 임했는지 그 이유를 발견하게 된다."라고 하였다.

셋째로는, 기도를 계속하는 자의 기다리는 생활이 강한 사실이다. 하나님께서는 전지 전능하시지만, 시간을 길게 잡으시고 일하시는 경륜도 있다. 그는 사람과 달라서 그 생각하시는 방식이 원대하시다. 사 55:8-9에 말하기를 "여호와의 말씀에 내 생각은 너희 생각과 다르며 내 길은 너희 길과 달라서 하늘이 땅보다 높음 같이 내 길은 너희 길보다 높으며 내 생각은 너희 생각보다 높으니라"고 하였다. 그러므로 우리는 이 사실을 알고 참아 기다리는 믿음을 가져야 된다. 그는 우리의 믿음을 연단시키기 위하여 우리의 기도를 얼른 들어주시지 않고 시간을 잡으시는 때도 있다. 그러므로 우리가 주님을 믿는다고 하면서도 참아 기다리는 인내가 우리에게 없으면 우리는 계속 기도하기 어렵다.

또 우리가 이 세상에서 계속 기도하다가 생전에 그 응답을 받지 못하고 죽을 수도 있다. 그러나 하나님께서는 우리의 죽은 후에라도 우리의 기도가 그의 뜻에 합의한 것이었으면 반드시 이루어 주신다. 그 이유는, 하나님께서는 우리의 기도를 가장 기뻐하시고 사랑하시기 때문이다. 그러므로 우리는 응답을 받지 못해도 죽는 날까지 기도를 계속해야 된다.

2. 그리스도의 재림 때에 갚음 받을 것을 믿는 기도(8절 상반)

그리스도께서는 우리의 소원을 재림 때에 성취해 주시겠다고 하셨다. 그가 우리에게 요구하시는 것은 믿음이다. "인자가 올 때에 믿음을 보겠느냐"라고 하신 말씀에 있어서 "믿음"이란 말의 헬라어는 "그 믿음"이란 뜻이다. 그것은 재림하시는 인자(人子)께서 갚아주실 것을 믿는 그 믿음이다. 지금 사람들이 주님을 믿는다고 하며, 잘 믿는다고도 한다. 그런데, 그들의 믿음이 이런 종말론적(終末論的) 신앙인가 함이 문제이다. 참된 신자들은 말일(末日)의 심판을 표준하고 신앙과 행위를 정비(整備)한다. 사도 바울은 말하기를 "내가 자책할 아무 것도 깨닫지 못하나 그러나 이를 인하여 의롭다 함을 얻지 못하노라 다만 나를 판단하실 이는 주시니라 그러므로 때가 이르기 전 곧 주께서 오시기까지 아무 것도 판단치 말라 그가 어두움에 감추인 것들을 드러내고 마음의 뜻을 나타내시리니 그때에 각 사람에게 하나님으로부터 칭찬이 있으리라"(고전 4:4-5)고 하였다. 기독교인연맹(Christian Alliance) 창립자인 심슨(A. B. Simpson)은 20년 이상 병으로 앓고 거의 죽게 된 적이 있었다. 어떤 날 그는 하나님의 말씀을 실제로 확신하면서 솔밭에 들어가 앉아서 하나님 앞에서 신앙을 고백하였다. 그 중요한 내용은 "내가 심판날에 하나님을 만날 줄 알면서 지금 신앙을 고백합니다. 나는 그리스도께서 내 육신의 생명도 주시는 구주로 믿습니다."라고 한 것이다. 그가 이와 같이 신앙을 고백하고 일어서자 그 몸의 병은 고쳐졌다고 한다.

38
삭개오의 신앙
◆ 눅 19:1-9 ◆

삭개오는 세리장이라고 하였으니만큼, 그는 유대 사회에서는 천히 여김이 되었다. 그러나 예수님은 이와 같은 사람도 구원하신다. 그의 신앙은 어떠하였는가?

1. 그는 **달려감**

달려간 것을 보니 예수님을 보려는 데 열심이 있었다. 신자는 달음박질하는 것같이 주님을 믿어야 된다. 그 이유는 이 세상은 장망성(將亡城)이기 때문이다. 바울은 여러 번 신앙생활을 달음질로 비유하였다(고전 9:24-26; 딤후 4:7). 히 12:1에 말하기를 "이러므로 우리에게 구름 같이 둘러 싼 허다한 증인들이 있으니 모든 무거운 것과 얽매이기 쉬운 죄를 벗어버리고 인내로써 우리 앞에 당한 경주를 경주하며 믿음의 주요 또 온전케 하시는 이인 예수를 바라보자 저는 그 앞에 있는 즐거움을 위하여 십자가를 참으사 부끄러움을 개의치 아니하시더니 하나님 보좌 우편에 앉으셨느니라"고 하였다. 삭개오의 달음질은 예수님을 볼 수 있는 기회를 놓치지 않으려는 것이다. 은혜 받을 기회는 생명보다 귀하다. 바울은 말하기를 "보라 지금은 은혜 받을 만한 때요 보라 지금은 구원의 날이로다"(고후 6:2)라고 하였다.

2. 그는 체면이나 위신의 종이 아님

그는 예수님을 보기 위하여 나무에 올라갔다. 그것은 그가 자기의 체면과 위신도 생각하지 않은 행위이다. 신자는 하나님의 아이 된 자격을 지녀야 된다. 그는 아이같이 겸손하고 단순해야 된다. 아이같이 단순히 믿는 자가 승리한다. 사 11:6-8에 말하기를 "그때에 이리가 어린 양과 함께 거하며 표범이 어린 염소와 함께 누우며 송아지와 어린 사자와 살찐 짐승이 함께 있어 어린아이에게 끌리며 암소와 곰이 함께 먹으며 그것들의 새끼가 함께 엎드리며 사자가 소처럼 풀을 먹을 것이며 젖 먹는 아이가 독사의 구멍에서 장난하며 젖 뗀 어린아이가 독사의 굴에 손을 넣을 것이라"고 하였다.

3. 소유의 절반을 가난한 자들에게 주는 신앙

이것은 물질을 가지고 남을 내 몸같이 사랑하는 신앙이다. 이웃을 사랑하지 않는 것은 신앙이 아니다. 요일 2:11에 말하기를 "그의 형제를 미워하는 자는 어두운 가운데 있다"고 하였고, 요일 3:17에는 "누가 이 세상 재물을 가지고 형제의 궁핍함을 보고도 도와줄 마음을 막으면 하나님의 사랑이 어찌 그 속에 거할까보냐"라고 하였다. 그리고 요일 4:20에는 말하기를 "누구든지 하나님을 사랑하노라 하고 그 형제를 미워하면 이는 거짓말하는 자니 보는 바 그 형제를 사랑하지 아니하는 자가 보지 못하는 바 하나님을 사랑할 수 없느니라"고 하였다.

삭개오는 말하기를 "만일 뉘 것을 토색한 일이 있으면 사 배나 갚겠나이다"라고 하였다. 이것도 남의 것을 존중히 하여 갚으려는 행위이니 남을 내 몸같이 사랑함이다.

39

영생의 원천

◆ 눅 20:37-40 ◆

"아브라함의 하나님"이라고 할 때에는 아브라함이 살았다는 뜻이다. 하나님은 죽은 자의 하나님은 아니시다. 여기 "죽은 자"란 말은 영적(靈的)으로 죽었다는 의미이다. 예수님께서 다른 데(마 8:22)서도 죽은 자란 말을 사용하셨는데 곧, 부친을 장사한 후에 그를 따르겠다는 자에게 "죽은 자들로 저희 죽은 자를 장사하게 하고 너는 나를 좇으라"고 하신 말씀이다. 그러므로 여기 "죽음"이란 말은 비존재를 말함이 아니고 저주 아래 있는 자를 말함이다. 그러면 하나님은 누구의 하나님이신가? 그는 저주 아래 있지 않는 자 곧, 산 자의 하나님이시다.

이와 같이 생각해 보니, 문제가 또 다시 생긴다. 그것은 아브라함이 "산 자"가 되기는 언제부터였을까 하는 문제이다. 그는 언제부터 산 자가 되었을까? 두 말할 것 없이 그가 하나님의 계약 대상이 되었을 때에 된 것이다. 다시 말하면 하나님께서 그의 하나님이 되어주실 때에 그는 산 자가 되었다. 하나님께서 어떤 사람의 하나님이 되어 주신다는 계약(契約)은 일시적인 것이 아니고 영원한 것이다. 하나님은 계약에 의하여 사람을 영원히 살려 주시고 또 그로 하여금 그 영원한 계약의 효과를 받게 하신다. 그러므로 영생의 생명은 하나님 자신이시다. 따라서 우리 본문 38절에 "하나님에게 모든 사람이 살았느니라"고 한 말씀(πάντες γὰρ αὐτω ζῶσιν)이 따른다. 이 말씀을 바로 번역하면 이러하니, 곧 "왜 그런고 하면 모든 사람들이 그에게서 산다"이다. 다시 말하면 하나님이 아브라함의 하나님이신 관계는 아브라함이 살았다는 뜻이라고 하는데 어찌하여 그런가? 그것은 곧, 모든 사람들이 하나님으로 말미암아 살아나기 때문이라는 것이다. 이와 같이 예수님은 하나님이 바로 생명이시며 부활이신 사실을 역설(力說)하시고, 하나님을 소유함이 바로 부활도 소유함이라고 역설하신다.

사는 문제(내세에 복된 생과 부활까지도)에 있어서 우리는 하나님이면 그만이다. 그러므로 구약은 내세란 말 대신에 하나님이란 말을 많이 가지고 있다. 이런 표현이 도리어 구약 계시의 진리 성격이다. 사람들이 하나님 외에 다른 데서 복된 생명을 찾지 않도록 하기 위하여서 그 기록도 하나님 중심주의로 되어 있다. 현세에서 하나님을 모시기만 하면 영생(사람이 세상 뜬 후에 영원히 사는 것과 및 내세의 부활)은 그 가운데 완전히 포함되어 있는 것이다. 하나님 중심주의의 영생론은 이교 철학자들의 영혼 불멸론과 다르다. 소크라테스는 그의 임종시에 깊이 생각하며 영혼의 영생을 네 가지로 논증하였다. 그 중의 하나는 영혼의 단순성(분해되지 않으며 용해되지 않는 성질)으로 미루어 보아서 영혼의 영생을 논한 것이다. 플라톤도 이와 같이 논증하였다. 그러나 이들의 사상은 인간의 자율적 영생을 논한 것이니 잘못이다. 그들은 인간의 죽음이 징벌인 사실을 몰랐던 것이다. 더욱이 그들은 인간의 참된 생명이 하나님에게만 있음을 몰랐다. 성경은 어디까지나 죽지 아니함이 하나님께만 있다고 한다(딤전 6:16).

40
하나님이 기뻐하시는 헌금
◆ 눅 21:1-4 ◆

하나님께서 말씀하시기를 "빈 손으로 내게 보이지 말지니라"고 하였다(출 23:15). 또한 신자가 하나님 앞에 물질을 바쳐야 되는 것은 상고시대(上古時代)부터 하나님께서 제정하신 바이다. 아브라함은 멜기세덱에게 십일조를 드렸다(히 7:4).

1. 연보궤의 중요성

예수님은 사람들이 연보궤에 헌금하는 것을 보셨다. 그것을 보면 연보하는 일에 있어서 연보궤를 사용한 것이 옛날의 법이었다. 헌금은 하나님께 하는 것임에도 불구하고, 헌금하는 자들이 사람의 칭찬을 받으려고 잘못 생각하는 일이 있다. 예수님께서 말씀하시기를 "네 구제함이 은밀하게 하라 은밀한 중에 보시는 너의 아버지가 갚으시리라"고 하였다. 예수님께서 여기서 역설하신 것은 신자들이 하나님께 헌금할 때에 사람에게서 영광을 얻으려고 하지는 말라는 것뿐이다. 그의 말씀은 혹시 신자의 연보하는 내용을 다른 사람이 알게 된 것이 근본적으로 틀렸다는 것이 아니다. 한 가난한 과부의 연보하는 내용을 예수님이 아시고 그것을 칭찬하신 일도 있다. 바나바는 자기의 토지를 전부 하나님께 바쳤는데 그 사실도 다른 사람들이 알았다(행 4:36-37). 뿐만 아니라, 뵈뵈가 물질로 많은 사람을 도와 준 일에 대하여도 사도 바울은 알고 있었다.

그러므로 신자가 하나님께 물질을 바치는 내용에 대하여 다른 사람이 알게 된 사실 자체가 그 연보의 참된 성격을 손상시키는 것은 아니다. 다만 그 연보하는 신자 자신이 중심에서 자기의 영광을 위주하는 것이 합당치 않다는 것이다. 그러므로 신자가 연보를 하면서도 그 중심이 하나님을 위하는 것뿐이라면 사람들이 그의 연보 행위에 대하여 알든지 모르든지 큰 문제될 것은 없다. 그러나 사람은 종종 그 선행을 남들이 알 때에 명예와 칭찬의 유혹을 받기 쉽다. 그러므로 그는 남들이 알지 못하는 가운데 의를 행하도록 힘쓰는 것이 지혜로운 일이다. 이와 같은 필요에 의하여 옛날 성전에도 13개의 연보함을 시설하였다고 한다.

그러므로 우리는 다음과 같이 생각할 수 있다. 신자가 하나님께 헌금할 때에 사람들이 모르도록 하는 것이 자신에게 은혜롭다. 그러나 어떤 때에는 그가 어떤 영광을 탐하지 않는 한, 교회의 사무적 필요를 위하여 자기 이름을 알게 할 수도 있는 것이다. 하나님께 헌금하는 일에 있어서 충성되이 바치는 자의 이름이 다른 사람들로 하여금 헌금의 열성을 격려시킬 수도 있다. 예를 들면 예수님께서 말씀하신대로 어떤 가난한 과부가 자기의 생활비 전부를 하나님께 드린 사실이 많은 사람 앞에 모본이 된 것과 같다.

2. 가난한 과부의 모본적 헌금

예수님께서 어떤 가난한 과부가 그의 생활비 전부를 헌금한 데 대하여 칭찬하셨다(4절). 이 과부의 헌금은 두 가지로 모본이 될 만하다.

(1) 자기의 가난한 것 때문에 연보하는 일에 면제 받을 생각이 없었음. 사람이 하나님 앞에 물질을 드리게 된 것은 그의 복된 특권 중의 하나이다. 그가 하나님 앞에 바치는 일은 손해보는 일이 아니고 도리어 땅에서 복 받는 일이며 하늘에서도 상 받을 일이다. 행 20:35에 말하기를 "주는 것이 받는 것보다 복이 있다"고 하였다. 성경은 신구약을 물론하고 헌금에 대하여 가르칠 때에 그것을 축복 받을 일로 말씀하였다. 그러므로 헌금하는 일에 참가하지 않는 것은 축복 받을 일에서 제외되는 것이다.

뿐만 아니라 사람의 가난한 것을 불행이라고 할 수 없다. 가난한 자가 도리어 신앙의 축복을 받는다. 그러므로 야고보는 말하기를 "하나님이 세상에 대하여는 가난한 자를 택하사 믿음에 부요하게 하시고"(약 2:5)라고 하였다. 어떤 신자들은 자기의 생활 정도에서 지나치도록 감심으로 헌금한다. 노리스라는 성도는 헌금에 충성하였다. 그의 부인이 "우리는 어떻게 살려고 합니까?" 하고 물을 때에, 그는 대답하기를 "우리는 하나님의 약속을 믿고 기도합시다"라고 하였다.

(2) 가난한 과부는 연보하는 일에 있어서 신앙으로 용단하였음. 우리의 신앙생활은 언제나 용단을 필요로 한다. 그 이유는 신앙생활은 보이는 대로 행하는 타산주의가 아니고 전능하신 하나님을 믿는 것이기 때문이다. 타산주의는 신앙을 죽인다. 신자는 무슨 일에 있어서나 하나님의 뜻을 안 다음에는 희생을 무릅쓰고 용단한다. 우리 한국에서도 교회가 설립되던 초창기에, 어떤 성도는 예배당에 기와를 얹기 위하여 자기집 기와를 벗겨다 썼다고 한다. 또 어떤 농부는 교회를 위하여 자기의 소를 팔았기 때문에 밭을 갈 때에는 자기 아들과 함께 손수 갈았다고 한다.

41
엠마오로 가는 두 제자의 마음이 뜨거워짐
◆ 눅 24:13-35 ◆

1. 그리스도의 책망을 받아 양심의 가책을 느낌

25절에 그리스도께서 말씀하시기를 "미련하고 선지자들의 말한 모든 것을 마음에 더디 믿는 자들이여"라고 하셨다. 사람이 죄를 깨달을 때에는 가슴이 뜨끔한다. 불신앙은 가장 큰 죄인데(요 16:9), 사람들이 이 죄에 대한 의식을 가지기만 하면 큰 죄감을 느낄 것이다. 사람들은 큰 것을 느끼지 못하는 것이 보통이다. 공이 굴러가는 것은 잘 느끼면서도 지구가 도는 것은 느끼지 못한다. 예수님이 엠마오로 가는 두 제자의 불신앙을 꾸짖으시니, 그들은 양심상 가책을 느껴서 그 마음들이 뜨거워졌다(25, 32절).

2. 그리스도께서 살아나셨다는 새 소망으로 불탐

26절에 보면 "그리스도가 이런 고난을 받고 자기의 영광에 들어가야 할 것이 아니냐"라고 하였다. 여기 이른바 "할 것이 아니냐"란 말은 헬라 원어로 욱키 에데이(οὐχὶ ... ἔδει)니, 이는 하나님의 뜻과 하나님의 능력으로 되게 하는 필연성(divine necessity)을 의미한다. 이것이야말로 그리스도의 부활 소망을 그 제자들에게 뜨겁게 주는 것이다. 본래부터 그들이 그 소망을 가졌더라면 새삼스러운 뜨거움이 왔을 이유가 없다. 그러나 그들이 이때까지 슬픔에 잠겼다가(17, 21절) 이제 이 소망의 위로를 받으니, 마치 밤중에 헤매던 자에게 햇빛처럼 반가웠고, 잃었던 보배를 찾게 되었다는 확실한 소식을 받은 자의 가슴처럼 뜨거워졌다.

이스라엘의 구속자로 바라던 사랑의 대상(21절)이 죽어버린 줄 알았는데 이제 다시 살아나셨다는 소망을 가지는 그들의 가슴이 어찌 뜨겁지 않으랴? 약혼자는 그 신랑에 대한 이야기만 들어도 가슴이 두근거리는 뜨거움을 느낀다. 그 신랑이 죽은 줄 알았다가 어디에 살아 있다는 소식을 들을 때에 그의 마음이 얼마나 뜨거워지랴?

3. 예수님의 자세한 성경 해석으로 인하여 부활 진리의 확신을 가진 고로 그들의 마음이 뜨거워졌음

사람이 확신이 생기면 마음이 움직여지며 뜨거워지는 법이다. 행 18:5에 바울이 하나님의 말씀에 붙들렸다는 것이 그와 같은 것이며, 렘 20:7-9에 예레미야가 하나님의 말씀을 전하지 않으려고 할 때 중심에 불붙는 것 같았다는 것도 그것이다. 예수님은 진리 자체이시며 성경 말씀의 창작자(創作者)이시므로 힘이 있다. 그러므로 산상 보훈(山上寶訓)을 주신 다음에도 사람들이 "그 가르치는 것이 권세 있는 자와 같다"(마 7:29)고 말하였다. 그의 말씀은 사람들이 듣는 때마다 마음에 뜨거움을 일으켰던 것이 사실이다. 그러므로 본문 32절은 "길에서 우리에게 말씀하시고 우리에게 성경을 풀어 주실 때에 우리 속에서 마음이 뜨겁지 아니하더냐"라고 하였으니, 마음이 뜨거워진 것이, 그들이 예수님을 예수님으로 알아본 증표라는 뜻이다.

4. 새로운 성경관으로 인하여 그들의 마음이 뜨거워졌음

우리 본문 27절의 "모든 선지자"라는 말씀과 "모든 성경"이란 말씀을 보니, 예수님께서 부활에 대한 예언을 한두 구절만 인용하신 것은 아니었다. 성경 전부가 예수님의 마음에는 부활에 대한 예언이다. 그는 일찍이 출 3:6의 말씀 곧 "나는 … 아브라함의 하나님, 이삭의 하나님, 야곱의 하나님이니라"고 한 말씀을 부활에 대한 예언으로 해석하셨다(마 22:32). 듣던 무리가 그의 이와 같은 가르치심에 대하여 놀랐다고 한다(마 22:33).

5. 그리스도의 부활은 인류 구원의 사건인고로 듣는 자들의 마음이 뜨거워졌음

예수님이 죽었다가 다시 살으신 사건은 천지를 새롭게 하는 것이다. 죽은 자들을 살리는 사건이다. 그러므로 이 사건은 온 천하에 변혁을 일으킨다. 이것은 불과 같은 진리이다. 그러므로 하나님의 진리는 무엇이나 다 이런 중대성을 띤 것이다. 눅 12:49에 예수님은 말씀하시기를 "내가 불을 땅에 던지러 왔노니 이 불이 이미 붙었으면 내가 무엇을 원하리요"라고 하셨다. 이것은 그의 전하실 복음의 말씀이 세상을 뒤집어 엎을 중대성을 띤 것임을 가리킨다.

6. 그들의 심령이 생명 세계를 사모하여 갈망했던고로 뜨거워졌음

그들은 부활의 진리를 깨달은 후에 사망 세계에서 생명 세계를 바라보게 되었다. 그들의 마음은 이제부터 "영광에 들어감"(26절)에 대하여 바라보며 갈망하게 된다. 실상 주님께서 그들을 그리로 끌고 들어가려 하셨다. 부활 후 그가 제자들에게 나타나셨다가도 그들을 될 수 있는 대로 떠나려 하신 운동과, 나타나셨다가 그 자취를 감추신 것이 모두 다 그들을 간절하게 만들어주는 운동이었다. 28절에 "저희의 가는 촌에 가까이 가매 예수는 더 가려 하는 것같이" 하셨다고 하였으니, 그것이 그런 운동이고, 31절에 "저희 눈이 밝아서 그인줄 알아 보더니 예수는 저희에게 보이지 아니하시는지라" 함도 그의 제자들을 불현계(不現界)로 끌고 가시려는 운동이었다. 그들은 이제부터 보이지 않는 예수를 믿어야 되며, 사랑하며 사모해야 된다. 조롱에 갇힌 새가 바깥 공중을 내다보고 얼마나 사모하며 안타까워하는가? 그와 같이 엠마오로 가는 두 제자는 생명 세계를 향하여 간절히 사모하였다.

42

불신앙의 원인

◆ 눅 24:36-43 ◆

1. 놀라고 무서워서 못 믿음

예수님은 "평안할지어다"라고 하시는데 제자들은 놀라며 무서워하였다. 이것이 불신앙의 원인이다. 곧, 그들이 예수님의 말씀과 정반대로 생각하니 믿음이 생길 수 없다. 믿음은 언제나 예수님의 말씀에 순종함에서 생기는 법이다. "믿음은 들음에서 나며 들음은 그리스도의 말씀으로 말미암았느니라"(롬 10:17)고 하였다. 사람은 종종 인간의 어떤 방법으로 예수를 믿어 보려고 한다. 어떤 종파는 시설로써 사람을 끌어 보려 하고, 또 어떤 종파는 몸부림침으로, 또 기타 인간의 방법으로 믿음을 얻어보려고 한다. 그러나 그것은 모두 허사이다. 그것은 마치, 사람이 근심을 면키 위하여 술을 마심과 같다. 술을 마시면 알콜 중독자가 된다. 술에 취하지 말고 성령과 하나님 말씀에 충만해야 된다.

2. 나타나신 주님을 영(靈)으로 생각하므로 못 믿음

(1) 영은 살과 뼈가 없는데 그들은 어찌하여 나타나신 주님을 영으

로 생각했던가? 그것은 그들의 사고 방식의 모순이다. 불신앙이 생김은 진리 자체에 모순이 있어서가 아니고 언제나 인생의 착각을 원인으로 한다.

(2) 문을 닫은 방안에 그리스도께서 들어오실 수 있었으니, 그의 초자연성(超自然性)이 나타났다. 부활하신 예수님의 초자연성이야말로 우리를 능히 구원하실 수 있는 그의 구주 자격의 가장 유력한 조건이다. 그가 문닫은 방안에 들어오실 수 있는 초자연성이야말로 우리의 의지할 능력이다. 그럼에도 불구하고 제자들은 믿지 못했으니 이것도 모순이다.

언제나 무지(無知)가 공포심과 의심을 가져온다. 인간의 지능은 이와 같이 제한되어 있어서 믿음에 방해가 된다. 무디 선생은 말하기를 "믿음은 하나님 앞에서 인간의 지식을 희생함이다"라고 하였다. 속죄제도를 보더라도 그리스도의 보혈로 속죄함을 받는다는 것(특별히 큰 죄도)은 인생의 지혜로는 믿지 못한다. 그러나 하나님의 말씀이 그것을 믿게 하여준다.

3. 너무 기쁘므로 믿지 못함

예수님이 다시 살아나셨다는 것은 너무 기쁜 일이기 때문에 그들이 못 믿었다. 그들은 모든 인류가 함께 느끼는 것과 같이, 사람은 죽으면 그만이라는 강철과 같은 법칙을 너무도 인상 깊이 알고 있었다. 그들의 이와 같은 관념을 깨뜨릴 방도는 없었다. 이는 마치, 부모의 참 사랑을 맛보지 못한 고아들이 참으로 사랑해준다는 그 누구의 말이라도 믿지 않는 것과 같다. 거짓말만 많이 하는 사회에는 참말 같은 거짓말이 많기 때문에 누가 참말을 한다고 해도 얼른 믿어 주지 않는다.

이때에 제자들이 그리스도의 부활 사건을 한 개인 자격으로서 된 일로 알지 않고 사망 왕의 법을 전복(轉覆)시키는 우주적 사건으로 바로 알았더라면 그들은 믿었을 것이다. 이 세상에 어두움이 있는 동시에 빛이 있고 죄악이 있는 동시에 선도 있으며, 사망의 법이 있는 동시에 생명의 법도 있다. 사망법을 내신 이가 부활의 법을 내지 못하시랴? 하나님께서 그리스도를 죄악의 승리자로 보내셨으니, 그는 사망의 노예가 되시지 않는다. 만일 그가 다시 살아나지 못하셨다면 그가 죄악을 이기지 못하셨다는 것이며, 승리자는 사단이라는 결론이 되어진다.

4. 이때의 제자들의 불신앙은 우리에게 신앙을 일으킴

그리스도의 부활에 대한 제자들의 태도를 보면 그 초기에 있어서는 어디까지든지 비판적이었다. 그들이 부활하신 예수님을 보고 공포심에 사로잡혀 믿은 것도 아니고, 기쁨에 사로잡혀 믿은 것도 아니다. 그들이 믿게 된 것은 주관적인 심리 상태에서 된 것이 아니라, 전혀 객관적인 사실 곧, 예수님께서 확실히 다시 살으신 사건에서 기인된 것이다.

(1) 위에 벌써 해석한 바와 같이, 예수님이 그들에게 나타나실 때에 그들은 무서워하였다. 모든 미신 종교들 중에는 객관적 사실은 살펴보

지 않고 어떤 공포심에 사로잡혀 종교 신앙을 가지게 되는 일이 있다고 할 수 있다. 그러나 기독교의 부활 신앙은 전혀 그런 것이 아니다.

(2) 그들이 예수님의 부활하신 몸을 보고 심히 기뻐한 것만은 사실이다. 이 점에 있어서 우리가 한 가지 생각할 것은 그때에 제자들이 부활이 좋은고로 믿은 것은 아니라는 것이다. 그들이 그리스도의 부활을 믿게 된 것은 그것이 사실인 까닭이다. 그것이 사실이라는 신앙에 이르기까지는 그들이 어디까지든지 비판적이요, 그것이 사실이라는 확신을 가지기 전에는 그들이 부활을 아무리 좋게 여겼어도 믿지는 않은 것이다. 모든 거짓된 내세관(來世觀)은 사실에 근거한 것이 아니고, 인간의 취미에 근거한 것이다. 그 실례를 들면 ① 인디언의 내세관은 짐승이 많은 곳을 가리켜 내세라고 한다. 그들이 그렇게 여기는 원인은 인디언은 짐승 사냥을 제일 좋아하는 데 있었다. ② 불교에서 말하는 극락 세계는 칠보지(七寶池)라는 못 위에 다락이 있다고 하니, 그것은 열대 지방 사람들이 좋아하는 시원한 곳을 의미한 것이다.

요한복음

43
로고스 안에 있는 생명
◆ 요 1:1-4 ◆

본문에서 로고스(λόγος)는 육신이 되시기 전 예수님을 가리킨다(요 1:14). 우리는 우리의 가까운 친구의 내력도 잘 알 필요가 있다. 우리가 생명을 맡기고 믿는 예수님에게 대하여 그의 육신 되시기 전 내력을 아는 것이 의미심장하다.

1. 이것은 하나님이 주시는 생명임

본문 4절에 말하기를 "그 안에 생명이 있었으니"라고 한다. 그러면 그 생명은 어떤 정도의 것이었을까? 이 문제는 그 위의 말씀(1-3절)이 잘 밝혀 주었으니, 그것은 하나님의 생명이다. 그러므로 그 생명은 무궁하다. 그 이유는 하나님은 무궁하시기 때문이다. 로고스 곧, 예수님이 하나님이라고 1-3절이 말한다. 그리스도가 곧 하나님이란 말씀은 직접 혹은 간접으로 성경에 많다.

(1) 그리스도가 하나님이신 사실은 바울이 그를 "주님"이란 칭호(κύριος)로 많이 말씀한 것을 보아서 알 수 있다. 신약의 "주님"이란 말

(κύριος)은 구약의 "여호와"(LXX에서 "여호와"를 "주님"이란 말로 번역하였음)를 가리킨다(참조, 롬 10:12-13; 고전 1:29-31).

(2) 성경에 예수님을 직접 하나님이라고 한 구절들도 있다. 딛 2:13에는 "우리의 크신 하나님 구주 예수 그리스도"라 하고, 행 20:28에는 예수님의 피를 "하나님의 피"라고 하였고, 롬 9:5에는 예수님을 가리켜 "세세에 찬양을 받으실 하나님"이라고 하였다. 그리고 요일 5:20에서 예수님을 가리켜 "참 하나님이시요 영생이시라"고 하였다.

교리 역사상에 아리우스가 예수님을 "피조물"이라고 하였다가 니케아 공의회의 정죄를 받았다. 예수님을 피조물이라고 함은 그가 계시지 않은 때가 있었다는 것이니, 그것은 그가 하나님이 아니라는 말과 같다. 예수님은 무한하시고 무궁하신 하나님이시다. 사람은 무궁하신 하나님으로야 만족한다. 그 이유는 사람은 영원을 사모하도록 지음을 받았기 때문이다(전 3:11).

또 어떤 이들은 하나님이 처음 지으신 그 빛(창 1:3)이 그리스도라고 하면서 그리스도를 피조물이라고 잘못 말한다. 이것은 아주 잘못된 주장이다. 빛이 창조되기 전에 먼저 하나님의 말씀이 있었는데("하나님이 가라사대"란 것은 하나님의 말씀임), 그 말씀이 자기 자신을 지었다는 말인가? 그럴 수 없다. 하나님의 말씀은 지음 받은 일이 없고 그것은 창조의 역사를 하셨다. 말씀(곧, 그리스도-요 1:1-3)은 창조자이시다(시 33:6, 9; 히 3:3; 골 1:16; 고전 8:6).

우리는 무엇보다도 본문(1절)에 "이 말씀은 곧 하나님이시라"고 한 것을 그대로 믿는다. 그러므로 그리스도의 생명이 무궁한 사실을 우리는 알 수 있다. 인간은 무궁한 하나님으로야 만족한다.

2. 이 생명의 전달 방법

예수님의 생명이 무궁하셔도 우리에게 전달되지 않는다면 우리는 비참한 처지에 떨어져 영원히 죽을 수밖에 없다. 그러나 그렇게 되지 않도록 하나님은 방침을 세우셨다. 샘물이 콸콸 솟는 샘 옆에서 목말라 죽도록 하실 리가 있으랴? 그는 사람들에게 빛으로 오신다. 본문 4절에 "생명은 사람들의 빛이라"고 하였다. 빛은 무엇을 의미하는가? 이는 하나님의 진리를 비유한다. 그러면 이 문구의 의미는 그리스도의 생명이 사람들에게 찾아올 때에 그의 진리로 하신다는 것이다. 오늘날 전도자가 성경 말씀(진리)을 전파할 때에 로고스의 생명이 사람들에게 임한다. 그러므로 무디 선생은 말하기를 "하나님을 그의 말씀으로 붙들라"고 하였다. 그런데 그들이 그 진리를 받아들이는가 함이 문제이다. 인간의 이성(理性)은 어두움이기 때문에 이를 받아들이지 않는다. 그러므로 루터는 인간의 이성을 짐승이라고까지 말하였다. 우리가 이성의 지도를 따르면 하나님의 진리를 받아들이지 못한다 그리스도의 말씀은 어린아이같이 겸손한 자들이 받는다. 인간의 지혜를 의지하고 그리스도의 말씀을 받지 않는 바리새인들을 향하여 예수님은 말씀하시기를 "너희가 소경 되었더면 죄가 없으려니와 본다고 하니 너희 죄가 그저 있느니라"(요 9:4)고 하셨다.

44
세례 요한을 본받자
◆ 요 1:19-28 ◆

마 11:2 이하를 해석하므로 세례 요한의 사역은 언제나 한결 같았음을 알 수 있다.

1. 주님의 길을 곧게 하는 사역자

"주의 길"은 사람들의 마음을 비유한다. 마음이 곧지 않은 자는 주님을 영접하지 않는다. 세례 요한은 사람들의 마음을 곧게 만들기 위하여 회개를 외쳤다. 그는 이 세상 향락을 전혀 생각지 않고 하나님께 헌신하고 진리를 외쳤다. 그것이 남들을 주님께로 인도하는 유일한 방법이다.

2. 광야에서 외치는 자의 소리

"광야에서 외치는 자의 소리"라는 말은 그 외치는 자가 자기를 감추고 소리만 보내줌을 가리킨다. 세례 요한은 자기를 감추고 하나님의 말씀만 나타냈다. 그는 전혀 자기 중심주의로 일하지 않았다. 그는 말하기를 "그(그리스도)는 흥하여야 하겠고"(요 3:30)라고 하였다. 이 세상 사람들은 자기를 나타내려고 힘쓴다. 뿐만 아니라, 그는 많은 수효를 탐하지도 않았고, 사람 없는 광야에 가서 전도하였다.

3. 그리스도의 신들메 풀기도 감당치 못하겠노라

이 말은 그가 그리스도의 종 노릇도 못하겠다는 뜻이다. 종의 특성은 순종인데 사람이 그리스도의 종이 되려면 그에게 순종할 줄 알아야 된다. 우리는 사실상 그의 종이 될 만한 자격이 없다. 우리가 말로는 순종하나 행실로는 못하는 일이 너무나 많다.

순종은 우리의 구원 성취에 중대하다. 그리스도께서도 순종으로 우리의 구원을 완성하셨다. 히 5:8-9에 말하기를 "그가 아들이시라도 받으신 고난으로 순종함을 배워서 온전하게 되었은즉 자기를 순종하는 모든 자에게 영원한 구원의 근원이 되시고"라고 하였다.

45
신앙의 출발점
◆ 요 1:43-47 ◆

우리가 종교적으로 무엇을 믿는다는 것은 우리 인생 문제를 해결받는 가장 중대한 일이다. 이 일은 올바로 출발해야 된다. 뿐만 아니라, 우리가 그리스도를 믿는 중에도 우리의 생활에 다시 새 힘을 얻으려면 언제나 그 출발점에서 신앙을 재정비해야 된다. 그러면 그 "출발점"이라는 것은 무엇인가?

1. 성경에 기록된 그리스도

우리 본문 45절에 빌립이 나다나엘을 찾아 말하기를 "모세가 율법에 기록하였고 여러 선지자가 기록한 그이를 우리가 만났으니"라고 한다. 이 말씀은 우리 신앙의 기초를 보여 준다. 우리의 신앙은 결단코 막연한 것을 근거로 하지 않는다. 다시 말하면 그런 것 같기도 하고 그렇지 않은 것 같기도 한 사실을 근거로 할 수 없다. 우리는 천상천하에 가장 든든한 것을 신앙의 근거로 해야 된다. 우리는 약하나 우리보다 든든한 것을 의지할만하고, 또 우리보다 든든한 것을 우리가 의지하고 움직일 때에 큰 일을 할 수도 있다. 어떤 철학자가 말하기를, 자기에게 받침이 든든한 지렛대만 있다면 지구를 다른 데로 옮길 수 있다고 하였으니, 참고할 만하다. 신앙생활은 귀한 것이고 또한 어려운 것이기도 하다. 그러나 신앙을 뒷받침해 주는 아주 든든한 받침만 있으면 그것은 쉽게 발생된다. 그러면 그렇게 신앙을 발생시키는 가장 든든한 받침은 무엇인가? 그것은 음성으로 표현된 몇 마디 말씀으로는 될 수 없다. 그 이유는 음성은 듣는 자도 잘못 듣기 쉽고 또 그것은 오랫동안 그대로 보존되기도 어렵기 때문이다. 그러므로,

(1) 신앙의 근거되는 받침은 기록된 성경 말씀이다. 사람들은 사업 관계에 있어서도 중대한 일은 기록으로 보장되어야 안심한다. 우리가 하나님의 말씀을 기록으로 받았다는 사실은 말할 수 없이 중요하다. 그것은 실상 하나님께서 그의 백성과 계약하신 계약 문서이다. 구약과 신약의 약(約)자는 계약을 의미하는데 거기 기록된 모든 말씀이 우리에게 대한 그의 언약이다. 그러므로 그 말씀의 가치는 그가 음성으로 우리에게 주실 수 있는 몇 마디 말씀보다 말할 수 없이 귀한 것이다.

(2) 이 기록된 말씀의 능력은 천지를 창조하신 능력이고, 그 효과는 천지가 없어지기 전에는 없어지지 않는다. 사람은 늙으면 힘이 없어진다. 그러나 성경의 효력은 항상 계속한다. 사람들은 이 사실을 잘 모르고 산다. 나의 자녀들은 내가 가진 지식의 내용을 잘 모른다. 그들은 나의 죽은 후에도 그것을 모를 것이다. 하나님 말씀의 효능은 위대하므로 예수님께서도 시험 받으실 때에, 마귀에게 대하여 "기록되었으

되"라고 하시면서(마 4:4, 7, 10) 성경을 무기로 하여 싸우셨다. 그가 천사들을 불러서 마귀를 대적하실 수 있었으나 그리하시지 않으셨다. 이것을 보면 마귀는 성경을 무서워한다.

2세기 초에 순교자 저스틴은 철학을 연구하던 시절에 많이 돌아다녔다. 한번은 그가 해변에서 철학 문제를 생각하고 있을 때에 어떤 노인이 그에게 찾아 와서 구약 성경을 한 권 주었다. 그는 그때부터 그 책을 읽다가 마침내 회개하고 그리스도를 믿었다.

2. "와 보라"는 말씀에 순응함

빌립의 말을 들은 나다나엘이 "나사렛에서 무슨 선한 것이 날 수 있느냐"라고 반문하였다(46절). 그러나 사람이 이론으로는 신앙에 들어가기 어렵다. 그러므로 빌립은 말하기를 "와 보라"고 하였다. 여기 "와 보라"는 말씀에 있어서 "오라"는 뜻은 믿으라는 뜻과 같다. 사 55:1에 말하기를 "너희 목마른 자들아 물로 나아오라 돈 없는 자도 오라 너희는 와서 사 먹되 돈 없이, 값 없이 와서 포도주와 젖을 사라"고 하였는데 거기 "오라"는 말씀도 믿음을 의미하고, 마 11:28의 "수고하고 무거운 짐 진 자들아 다 내게로 오라 내가 너희를 쉬게 하리라"고 하신 말씀도 그렇다. 그리고 요 6:35에 예수님께서 말씀하시기를 "내가 곧 생명의 떡이니 내게 오는 자는 결코 주리지 아니할 터이요"라고 하셨다. 그러므로 본문의 "와 보라"는 말씀에 있어서 오라는 것은 믿으라는 뜻이다.

그러면 여기서 우리는 생각할 문제가 있다. 곧, 왜 믿음을 가리켜 예수님에게 오는 행위로 간주했을까? 그것은 이렇다. 믿음은 인간의 개념이나 사상에서 멎어지는 것이 아니고 행동으로 완성된다. "온다"는 것은 가만히 앉아 있음이 아니다. 그것은 동적(動的)인 것이다. 우리는 믿음과 행동을 뿌리와 그 나무에 비교할 수 있다. 뿌리는 영양을 섭취하는 작용을 하는데 그것은 믿음과 같다. 그리고 나무는 뿌리에서 나온 줄기인데 그것은 행위와 같다. 이와 같이 하나는 받는 작용을 하고 다른 하나는 내주는 것이다.

이 두 가지는 서로 일체이어야 한다. 뿌리에서 나무를 찍으면 그 뿌리도 죽는다. 행함이 없는 믿음은 죽은 것이다. 우리가 행함이 있는 믿음을 가지면 안다. 다시 말하면 구원의 진리를 알게 된다. 먼저 믿고 후에 안다. 믿음은 두뇌의 작용이 아니고 심령의 작용이다. 심령은 인간 존재의 근본으로서 보이지 않는 것과 보이지 않는 이를 지향하여 과학을 초월하는 성격을 가진다. 그러므로 그것에서 생기는 신앙의 작용은 과학적 지식의 포로가 아니다. 어떤 사람은 자기의 사랑하는 어린 딸이 죽었으므로 예수를 믿었으니, 그것은 그 사람이 과학적인 타산에서 신앙으로 돌아온 것이 아니다.

사람들이 예수를 믿게 되는 것은 양심의 작용이다. 성경도 인간의 양심을 상대하고 말한다. "왜 하나님을 믿지 않느냐" 하는 말씀이 성경의 교훈 전제라고 해도 과언이 아니다. 그것은 인간의 양심을 두드리는 말씀이다. 그러므로 성경 말씀은 우리에게 과학적 타산보다는 양심에 고소를 일으킨다. 그러므로 모든 사람들은 성경 말씀 앞에서 이론보다 순종(착한 양심이 하나님을 찾아가는 것-벧전 3:21)이 앞서야 된다. 이와 같이 하나님을 아는 지식의 차원은 물질을 아는 지식의 차원과 다르다. 네덜란드의 크라세란 사람이, 미아(迷兒) 400명을 그 부모에게로 인도하는 놀라운 일을 하였는데 그가 그 지혜로써 하나님을 아는가? 그렇지 못하다. 그의 그와 같은 신기한 지혜도 하나님을 알 수 있는 성질의 것은 아니다. 군견(軍犬)이 깊은 산중에 숨은 사람을 찾아낸다고 하여 그 개가 윤리 도덕을 아는가? 그런 것이 아니다.

46

나다나엘의 믿음

◆ 요 1:43-51 ◆

1. 그는 예수님께 왔음(47절)

오라는 말로 표현된 믿음은 관념적인 신앙이 아니고 행동적인 신앙이다. 많은 사람들이 믿음을 말할 때에 관념적으로 기울어지는데 그것은 잘못이다. 성경이 말하는 믿음은 행동을 열매로 가지는 믿음을 가리킨다. 마귀도 하나님 한 분이 계신 줄 알고 떤다고 하였는데(약 2:19), 그의 믿음에는 순종이 전혀 없다. 그리고 우리가 또 한 가지 생각할 것은 오라는 말은 옳은 사람이 되어 가지고 "오라"는 것이 아니고 누구든지 자기 모습 그대로 "오라"는 것이다. 병자가 병이 나은 후에 의사에게 가고자 한다면 그것은 어리석은 생각이다. 그는 병이 있는 그대로 의사를 찾아갈 뿐이다. 누구든지 자기에게 부족함이 없고 스스로 설 수 있는 그때에 주님을 믿겠다고 한다면 믿음이 무엇인지 아직 전혀 모르는 사람이다.

신앙이라는 것은 곤란과 어려움을 무릅쓰고 주님을 믿는 자에게 열매를 맺는다. 이런 의미에서 스펄전은 말하기를 "우리는 죽어야 주님을 믿는다"라고 하였다. 그것은 우리가 모든 역경과 난관을 우리의 이성으로 해결하려고 하지 않고 죽어지므로 주님을 믿게 되어진다는 것이다. 그러므로 죄가 있는 자는 죄 있는 그대로 예수를 믿어야 한다. 그가 그렇게 믿을 때에 그의 죄악이 잘 해결된다. 그리고 마음이 불안한 자는 불안한 그대로 주님을 믿어야 된다. 그리하면 그 불안도 없어진다. 요한 번연은 5년 동안 마음이 극도로 불안하였었지만 예수님께로 와서야 기쁨과 평안을 얻었다.

2. 기도에 승리하는 사람

본문 47절의 "참 이스라엘 사람"이란 말은 참으로 기도에 승리하는 자란 뜻을 내포한다. '이스라엘'이란 말은 "하나님을 이긴 자"란 뜻이니 곧 기도에 승리한 것을 칭찬하는 뜻이다. 이 영예로운 이름은 야곱이 얍복강 저편에서 씨름하듯이 기도하여 축복을 받은 후 받은 것이다 (창 32:24-29). 야곱이 일찍이 장자의 기업을 속임수(간사하게)로 받았었으나 얍복강가의 기도에서는 그것(장자의 기업)을 정식으로 받았다. 거기서 그의 간사한 것이 없어졌다. 이 사실을 보면 우리가 무엇이든지 기도 없이 사용하는 것은 하나님의 것을 도적질하는 행위이다. 우리에게 있는 것은 모두 다 하나님의 것이다. 일용할 양식도 기도하고(주기도에 말함 같이-마 6:11) 먹어야 되지 않는가? 그렇다면 음식보다 귀한 공기, 물, 기타 모든 것도 우리는 기도하면서 사용해야 된다. 그러므로 항상 기도하지 않는 생활은 간사한 생활이다.

나다나엘이 기도에 승리한 사람이었던 사실은 48절의 예수님의 말씀도 증거한다. 곧 "네가 무화과나무 아래 있을 때에 보았노라"고 하신 말씀이다. 나다나엘은 무화과나무 아래서 늘 기도한 것이 사실이다. 그가 거기서 드린 기도가 승리를 거두지 못하였더라면 예수님께서 그의 무화과나무 아래 있었던 사실을 말씀하시지 않았을 것이다. 그곳이야말로 그의 브니엘이었다. 기도에 승리한 종들은 생명을 걸고 전쟁하듯이 기도하였다. 미얀마에서 선교한 저드슨(Judson)은 말하기를 "세월은 짧다 어떤 일이든지 친구든지 네 하나님을 빼앗지 못하게 하여라" 하였고, 휘필드(Whitedfield)는 기도하기를 "주님이시여, 영혼들을 주소서, 그렇지 않으면 내 영혼을 가져가소서"라고 하였다. 어떤 성도는 자기와 접촉하는 모든 사람들을 위하여 기도한다고 한다.

유명한 교부 키프리안은 밤중에 기도하는 습관이 있었다. 교회의 생명이 오늘날까지 유지된 비결은 물론 하나님께 달린 것이지만 은밀히 기도하는 성도들의 기도 응답이라고도 할 수 있다. 그렇게 기도하는 성도들이 이 땅 위에 많지만, 그들이 저희 자신들을 나타내지 않고 기도하므로 우리에게 알려지지 않고 있다.

3. 그의 신조

나다나엘은 예수님께서 "빌립이 너를 부르기 전에 네가 무화과나무 아래 있을 때에 보았노라" 하신 말씀을 듣고서 즉시 신앙을 고백하였다. 그것은 다음과 같으니 곧 "당신은 하나님의 아들이시오 당신은 이스라엘의 임금이로소이다"라고 한 말씀(49절)이다. 그는 예수님의 말씀에서 예수님의 초자연적인 지능을 알게 되어 이와 같이 고백하였다. "하나님의 아들"이란 말은 하늘에서 오신 초자연적인 성자님을 말함이고 "이스라엘의 왕"이라 함은 이스라엘이 기다리던 메시야를 가리킨다. 예수님을 하늘에서 오신 임금으로 모시는 신앙은 가장 합당한 신앙이다. 많은 사람들이 예수님을 이용하려고 하며, 그의 봉사를 받으려고 한다. 이와 같은 사고 방식은 신앙적이 아니다. 그와 반대로 사람들은 마땅히 그를 하늘의 임금으로 모시고 섬겨야 된다. 허드슨 테일러는 말하기를, 그리스도를 왕으로 높이지 않으면 그를 도무지 높이지 않음과 마찬가지라고 하였다. 우리는 그를 높이는 데 있어서 절대적으로 해야 된다. 우리가 티끌이 되기까지 그를 위하여 낮아질 때에 그는 높아지신다.

그는 어떠한 왕이신가? 그의 왕격이 그가 친히 하신 말씀(요 18:37)에 나타나 있다. 거기 예수님께서 말씀하시기를 "네 말과 같이 내가 왕이니라 내가 이를 위하여 났으며 이를 위하여 세상에 왔나니 곧 진리에 대하여 증거하려 함이로라 무릇 진리에 속한 자는 내 소리를 듣느니라"고 하셨다. 여기 "내가 이를 위하여 났으며"라고 하신 말씀의 뜻은 그 자신이 참되신 왕의 자격을 가지셨다는 것이다. 이 세상의 왕들은 참된 왕으로서의 자격을 가지지 못하고, 다만 이 세상 사람들의 손에서 추대와 권리를 받아서만 서게 된다. 물론 그 배후에도 하나님의 섭리는 있다. 이것은 이 세상 왕들과 관계된 원리이다. 그러나 그리스도를 왕이라고 함은 인간의 구원 문제를 해결하는 근본적인 의미에서의 왕을 의미한다. 그는 왕으로 나셨다고 하셨으니만큼, 자기 홀로 왕의 사업을 완성하시도록 되어 있다. 그의 왕격은 인간의 협조를 받아서 성립되는 것이 아니다. 그는 어떤 피조물에 의존하시는 왕이 아니시다. 그는 권력이나 군대나 물질을 필요로 하지도 않으시고, 자기 자신이 홀로 구원 사업을 완성하시는 자충족자(自充足者)이시다.

이 점에 있어서 우리는 첫 사람 아담을 생각해 볼 만하다. 첫 사람 아담도 범죄하기 전에는 세상의 후사가 될 만한 왕적 소질을 가졌던 것이다. 하나님께서 아담에게 "땅을 정복하라"(창 1:28)는 명령을 주셨으니, 그것이 역시 첫 사람에게 있었던 왕의 사명을 보여 준다. 만일 그가 범죄하지 않았더라면 만물이 그에게 순종하였을 것이다. 그는 만물을 다스리기 위하여 자기 자신 이외에 아무 다른 방법을 쓸 필요가 없었을 것이다. 그는 그저 말로써 만물을 거느릴 수 있었을 것이다. 그러나 그가 범죄한 후에는 모든 것이 그를 순종치 않는 비극이 연출되었다.

인류를 구원하기 위하여 오신 예수님은 범죄하기 전 아담과 어느 정도 연관성을 가지고 계시다. 이런 의미에서 성경은 그를 가리켜 "둘째 아담" 혹은 "마지막 아담"이라고 부른다(고전 15:45, 47). 그는 그 자신의 소질과 권위에 의하여 자기 백성을 다스리시며 만물을 새롭게 하신다. 그는 자기 밖에 다른 것들(피조물)을 의존하시지 않으신다. 그에게는 정권이 필요치 않으며, 군대도 필요치 않다. 그는 다만 그의 말씀에 의하여 왕권을 시행하신다. 이런 의미에서 요 18:17에 "진리에 대하여 증거하려 함이로라"고 하였다.

그가 이와 같이 왕권을 실행하시는 것이 이사야 예언의 성취라고 생각된다. 이사야는 그리스도의 하시는 일이 그의 말씀으로 말미암을 것을 역설하고 있다. 사 11:4에 "그 입의 막대기로 세상을 치며 입술의 기운으로 악인을 죽일 것이며"라고 한 말씀이 바로 이 뜻이다. 살후 3:8에 "그때에 불법한 자가 나타나리니 주 예수께서 그 입의 기운으로 저를 죽이시고"라고 하였다. 그리고 계 19:15에 "그의 입에서 이한 검이 나오니 그것으로 만국을 치겠고"라고 한 말씀과, 계 19:21에 "그 나머지는 말 탄 자의 입으로 나오는 검에 죽으매"라고 한 말씀이 모두 다 이와 같은 사실을 보여 준다.

우리는 이와 같은 영광의 왕을 섬길 줄 알아야 된다. 그를 섬기는 방법은 몇 가지로 나눌 수 있는데 ① 그를 왕으로 모시고 순종함. 우리가 그의 말씀을 순종할 때에 그의 통치를 받게 된다. 그는 우리를 폭력으로 다스리지 않으시고 사랑으로 다스리시기 때문에 우리가 순종치 않을 때에는 그가 우리를 다스리실 길이 없다. 그러나 우리가 그를 순종할 때에는 그의 통치를 받게 되니 그것은 바로 그의 사랑을 받음이다. ② 그를 왕으로 모시고 모든 악으로 더불어 싸움. 우리가 그리스도를 위하여 모든 죄악을 정복할 때에 그리스도의 보호를 받는다. ③ 우리가 그를 왕으로 모시고 그에게 모든 것을 바침. 우리가 그에게 귀한 것을 바칠 때에 그는 여러 배를 우리에게 주신다(마 19:29).

47

하나님의 사랑

◆ 요 3:16-21 ◆

1. 독생자를 주신 것이 사랑임

그것은 왜 사랑인가? 그것은 죄악 문제를 해결하여 주시는 것이기 때문이다. 죄악 문제는 왜 큰 문제인가? 이것이 큰 문제인 것은 진리를 아는 자들만이 안다. 죄는 하나님과 나의 사이를 멀어지게 하는 것이니 이 문제 해결이 가장 긴요하다. 사 59:1-2에 말하기를 "여호와의 손이 짧아 구원치 못하심도 아니요 귀가 둔하여 듣지 못하심도 아니라 오직 너희 죄악이 너희와 너희 하나님 사이를 내었고 너희 죄가 그 얼굴을 가리워서 너희를 듣지 않으시게 함이니라"고 하였다.

우리는 우리의 죄악 문제를 해결하고 하나님과 화합하는 것이 가장 긴요하다. 사람들이 이 필요성을 평상시엔 부인하다가도 가장 요긴한 시간에 이르러서는 인정한다. 우리가 죽기 전 시간이 가장 요긴한 시간인데 그 시간에 누가 우리더러 가장 요긴한 말 한 마디만 하라고 한다면 "하나님이여 내 죄를 사하여 주옵소서" 할 것이다. 그러므로 하나님께서 우리의 죄악을 용서하시기 위하여 독생자를 주신 것은 큰 사랑이다. 그가 독생자를 우리에게 주시되 보통으로 주신 것이 아니고 속죄하는 희생 제물로 주시고 영원한 구주로 주셨다.

2. 이 사랑을 받는 방법도 사랑의 방법임

이 사랑을 받는 방법은 우리로서 어떤 공로를 세움에 있지 않다. 그 방법은 믿음이다. 믿음은 주님을 의지하는 것이니 쉽고 기쁜 것뿐이다. 다만 걱정은, 안 믿어져서 걱정인데 그것까지도 하나님께서 그 말씀으로 해결하여 주신다. 롬 10:17에 말하기를 "믿음은 들음에서 나며 들음은 그리스도의 말씀으로 말미암느니라"고 하였다. 우리가 사람의 기술을 믿기도 한다. 예를 들면 우리가 의사를 믿어주기 때문에 그에게 내 몸을 맡기고 수술을 받는다. 우리는 그 의사의 말을 몇 번 지내보고 신용한다. 그러나 하나님의 말씀은 여러 천 년 지내본 말씀이다. 뿐만 아니라, 하나님의 말씀을 가지고 역사하시는 성령께서 우리로 하여금 그리스도를 믿게 하여 주신다. 성령께서 함께 하시는 운동은 실패하지 않는다.

48

오병이어의 이적이 가르치는 교훈

◆ 요 6:1-15 ◆

1. 교회 일은 사람의 타산으로 하지 못함(7절 참조)

하나님의 교회는 인간의 타산으로 성립되지 못한다. 그 이유는 하나님의 하시는 일과 사람의 하는 일이 언제나 서로 부합하는 것은 아니기 때문이다. 타산주의에서 행하는 자들은 인간의 수단을 믿는 동시에, 옳지 않은 일도 감행하기 쉽다.

2. 적은 것이라도 주님께 바치면 그것이 큰 일을 이룸

하나님께서는 그를 모르는 무수한 군중을 늦이나 메뚜기같이 약한 것으로 보시기도 하신다. 그는 니느웨의 많은 군대를 그렇게 보셨다. 나 3:15에 말하기를 "네가 늦 같이 스스로 많게 할지어다"라고 하였다. 그러나 하나님은 소수로되 정미로운 숫자를 원하신다. 기드온이 미디안 군대와 싸우기 위하여 군대를 모집할 때 많은 사람들이 모인고로 하나님께서는 그 중에서 누구든지 두려워서 떠는 자는 돌아가라고 하셨다(삿 7:3). 그리고 남은 군대가 10,000명이었는데 거기서 또 추려서 정병 300명만 거느리고 전쟁하게 하셨다(삿 7:5-8). 우리가 하나님 앞에 드리는 연보도 정미로운 것을 표준삼아야 한다. 연보는 그 분량의 다소를 불문하고 정성이 문제이다. 주님께서 과부의 엽전 둘을 보시고 칭찬하신 것은 정성스러운 연보였기 때문이었다(눅 21:1-4).

3. 주님은 큰 일 하신 때에 기도의 장소를 찾으셨음

우리는 하나님과 교제할 수 있는 정적(靜寂)을 탐해야 된다. 사람은 성공했을 때에 허영심으로 부화뇌동(附和雷同)하기 좋아한다. 그러나 예수님은 세상 영광이나 인기를 차 버리시고 하나님과 교제하시기 위하여 산으로 들어가셨다(15절). 우리는 부화뇌동하는 중에 하나님의 고요한 음성을 짓밟아 버리기 쉽다. 어떤 사람이 얼음 창고에서 시계를 떨어뜨렸다. 일꾼들이 떠들면서 그것을 찾으려고 했으나 도저히 찾을 수 없었다. 이때에 어린 소년이 그 시계를 찾아냈다. 그가 찾은 비결은 고요한 땅에 귀를 대고 누워서 시계 소리를 들었던 것이다. 하나님과 함께 행한 에녹과 노아를 보면 그들은 한가하게 지낸 것이 아니라, 복잡한 살림살이를 하였으며 악한 시대로 더불어 싸웠다. 그러나 그들은 하나님과 함께하는 시간을 중점으로 가졌었다. 루터 선생이 "내 주는 강한 성이요 방패와 병기되시니"란 찬송가를 부르면서 주님만 의지한 것은 그가 하나님과 교통하는 생활을 가졌기 때문이었다.

49

성찬에 대하여

◆ 요 6:53-55 ◆

세례와 성찬은 예수님이 명하신 예식(禮式)이다. 세례는 예수님의 피로 죄를 씻는 표니 죄를 원통히 여기는 사람들이 받을 수 있다. 성찬은 예수님의 살과 피의 효과를 받는다는 표시이니 영생의 생명력을 원하는 자가 받는다.

1. 예수님의 죽으심의 효과를 먹는 것같이 믿음

음식을 먹는 자는 안심하고 그것을 먹는다. 그와 같이 우리는 예수님의 속죄 구원을 안심하고 믿어야 된다. 음식을 먹는 자가 현미경으로 검사하고 먹는 것이 아니라 거저 안심하고 먹는다. 그처럼 우리는 예수님의 죽으심으로 사죄 받는 줄 믿고 평안한 마음을 가져야 된다. 이 평안은 신자가 예수님의 말씀 권위를 인식할 때에 오는 것이다. 우리가 우리 자신의 사상을 의지하려고 할 때에는 늘 불안을 느낀다. 그 이유는 우리의 마음은 순간순간 변하기 때문이다. 그러나 예수님의 말씀은 영원히 변치 않는 최고의 권위이다(참조, 마 5:17-18). 주님께서 말씀으로 바다 물결도 잔잔케 하셨다. 그것은 말씀의 권위로 하신 역사였다. 예수님께서 성찬을 명하시면서 말씀하시기를 "이것을 행하여 나를 기념하라"(고전 11:24)고 하셨다. 우리는 권위자의 말을 이해하지 못해도 무조건 감심 순종해야 된다. 그것이 신앙이다. 예수님께서 소경의 눈에 진흙을 바르시고 실로암 못에 가서 씻으라고 하셨는데, 그 소경은 그대로 실행하였다. 그것이 권위에 대한 순종이다. 예수님이 고기잡이 하는 베드로에게 그물을 깊은 곳에 내리라고 하실 때에 베드로는 대답하기를 "우리들이 밤이 맞도록 수고를 하였으되 얻은 것이 없지마는 말씀에 의지하여 내가 그물을 내리리이다"(눅 5:5)라고 하였다. 이것도 또 하나의 권위에 대한 순복이다.

2. 예수님의 죽으심의 효과를 통하여 그와 연합함을 믿음

우리가 음식을 먹을 때에 그것을 우리의 속에 깊이 섭취하여 그것과 우리 몸이 연합되려는 식욕으로 먹는다. 그와 같이 우리는 예수님을 믿을 때에 깊이 예수님과 연합하여 하나 되려는 뜨거운 욕구가 있어야 한다. 인간은 영원을 사모하여(영생을 사모하여—전 3:11) 예수님과 같이 되기를 원할 만하다. 이미 예수님께서 신자와 연합하시기 위하여 그의 살을 찢으셨고 피를 흘리셨다. 우리가 원하기만 하면 일은 된다. 이 연합을 위하여 그는 벌써 죽으셨다. 이것은 과거사(過去事)이다.

우리가 성찬식에 참여하는 것은 일면 그 과거사를 기념(기억)하는 일이기도 하다. 우리가 성찬을 받을 때에 우리로서 갑자기 이상한 일을 우리의 눈으로 보는 것은 없다. 그러나 그는 우리를 보시며 조만간 그의 능력으로 그와 우리와의 연합을 더욱 견고케 하신다. 일을 이루시는 이는 예수님 자신이시다. 뿐만 아니라 성찬에 있어서 예수님의 살과 피는 실제로 떡과 포도주로 대표되었으니, 거기에 예수님의 살과 피의 공로가 현림해 있다. 그러므로 하지(Hodge)는 말하기를 "예수님의 살과 피는 거기 현림하여 있다. 곧, 공로로 현림한다는 의미이다"라고 하였다(The body and blood are present therefore only virtually. - A. A. Hodge, *The Confession of Faith*, 1958, p. 362).

50

기독신자와 근심

◆ 요 16:20-24 ◆

우리 본문 20절을 보면 예수님께서 별세하시기 전에 말씀하시기를 "너희는 곡하고 애통하겠으나 세상은 기뻐하리라"고 하셨다. 그러면 그때에 신자들에게 생길 근심은 무엇이었던가?

1. 그들의 근심의 역사적 실정(20절)

그들의 근심은 다른 것이 아니고 그들이 예수 그리스도를 잃음으로 생길 것이었다. 다시 말하면 예수님께서 십자가에 못 박히시므로 그를 따르던 자들의 마음은 비애에 잠길 것이었다. 마 9:15에 말하기를 "예수께서 저희에게 이르시되 혼인집 손님들이 신랑과 함께 있을 동안에 슬퍼할 수 있느뇨 그러나 신랑을 빼앗길 날이 이르리니 그때에는 슬퍼하리라"고 하였다. 예수님의 제자들은 그의 이 말씀과 같이 과연 슬픈 장면을 당할 것이었다. 그것은 예수님이 십자가 위에서 죽임이 되시는 일이다. 그 근심은 그들이 예수님을 사랑한 결과이다. 그것은 신령한 근심이어서 이 세상을 사랑하는 자들은 가져볼 수 없는 것이다.

오늘날도 예수님을 잃어버린 개인 신자들이 근심을 가질 때에 멀지 않아서 하나님의 축복을 받는다. 그 이유는 그들이 근심한다는 것은 바로 회개를 의미하기 때문이다. 고후 7:10-11을 보면 거기 말하기를 "하나님의 뜻대로 하는 근심은 후회할 것이 없는 회개를 이루는 것이요 세상 근심은 사망을 이루는 것이니라"고 하였다. 사람이 그리스도를 잃었을 때에 근심하게 되는 원인은 그가 그 시기를 낙관적으로 보내지 않기 때문이다. 그는 그 시기에 자기의 죄악을 심각히 살피며 회개한다. 그러므로 그에게는 주님이 찾아오시는 한 때가 있다. 그런 때에 대하여 아 2:10-13이 묘사한다. 곧 "나의 사랑하는 자가 내게 말하여 이르기를 나의 사랑 나의 어여쁜 자야 일어나서 함께 가자 겨울도 지나고 비도 그쳤고 지면에는 꽃이 피었고 새의 노래할 때가 이르렀는데 반구의 소리가 우리 땅에 들리는구나 무화과나무에는 푸른 열매가 익었고 포도나무는 꽃이 피어 향기를 토하는구나 나의 사랑 나의 어여쁜 자야 일어나서 함께 가자"라고 하였다. 이와 같이 기독신자의 슬픔은 소망의 열매를 맺는다.

2. 근심이 기쁨으로 변함(21-24절)

예수님의 제자들은 예수님의 부활 승천 사건과 성령 강림 사건을 체험한 후에 새 하늘과 새 땅을 본 듯이 기뻐할 수밖에 없었다. 예수님은 여기서 그 사실을 예언하신다. 그는 말씀하시기를 "지금은 너희가 근심하나 내가 다시 너희를 보리니 너희 마음이 기쁠 것이요 너희 기쁨을 빼앗을 자가 없느니라"고 하셨다(22절). 우리도 다시 사신 그리스도께서 우리의 심령에 오실 때에 기뻐할 수밖에 없다. 성령으로 말미암아 이 복된 사실을 실감하는 자마다 과연 빼앗을 자 없는 신령한 기쁨을 가진다. 그러므로 그들은 이 세상에서 어떠한 조건에서도 감사할 마음이 있다. 순교자 브래드포드(John Bradford)는 신앙을 위하여 옥에 갇혔을 때에 심문자들 앞에서 말하기를 "왕이 나를 놓아주면 감사하겠고, 나를 감옥에 가두어 두어도 감사하겠고, 나를 태워 죽여도 감사하겠노라"고 하였다.

신자들이 기뻐할 만한 또 한 가지 이유가 여기 기록되어 있다. 그것은 그들의 기도가 응답되는 사실이다. 24절에 말하기를 "지금까지는 너희가 내 이름으로 아무 것도 구하지 아니하였으나 구하라 그리하면 받으리니 너희 기쁨이 충만하리라"고 하였다. 이 말씀을 보면 신약시대에 이르러서 신자들의 기도가 더욱 유력하게 응답된다는 것이다. 여기 "내 이름"이란 말이 두 번(23, 24절) 나오는데 그것은 우리가 그리스도를 믿고 기도할 때에 그의 이름 권세가 응답을 가져온다는 것이다. 예수님의 이름 권세는 전적으로 신자들을 위하여 있다. 그러므로 베드로는 일반 평신도를 가리켜 "왕 같은 제사장들이요"(벧전 2:9)라고 하였다. 그들을 가리켜 왕 같다고 한 것은 그들이 그리스도의 이름 때문에 말로 다 할 수 없는 하나님의 은혜를 받기 때문이다(고후 9:15). 이와 같이 그리스도를 믿는 신앙에 당돌한 사람일수록 때로는 도전적인 기도의 응답을 받는다.

중공 치하에서 핍박 받는 워치만 니 목사는 어떤 섬에서 전도하다가 그 섬 사람들이 섬기는 대왕신에게 도전하게 되었다. 곧, 대왕신을 섬기는 자들이 말하기를 "우리는 예수를 믿을 수 없다. 우리는 대왕신을 섬긴다. 대왕신은 살아 있기 때문에 수백 년 동안 그에게 제사하는 날에 비가 내린 적이 없다"라고 하였다. 워치만 니 목사는 그 말을 받아 가지고 답변하기를 "금년에는 그날에 비가 온다."고 하였다. 그리고 그는 그날을 기다리는 동안 애써 기도하였다. 과연 그날 비가 와서 섬 사람들이 제사를 지내지 못하였다. 그때에 대왕신의 제관들은 금년에는 제사일이 연기되었다고 하면서 다른 날을 선포하였다. 그런데 그날에도 또 비가 왔으므로 많은 섬 사람들이 회개하고 복음을 믿었다고 한다. 워치만 니 목사는 얼마 전까지 상해 옥에 갇혀 있었으며, 원수들이 그의 혀를 끊었다고 한다.

51
마리아에게 나타나신 예수님
◆ 요 20:11-18 ◆

1. 마리아가 다시 사신 예수님을 알아봄(16절)

마리아가 처음에는 예수님을 동산지기인 줄 착각하였다(15절). 엠마오로 가던 두 제자도 길 가던 중 부활하신 예수님을 만났을 때에 그를 알아보지 못하였으나 후에 알게 되었다(눅 24:13-35). 그들이 처음에 모른 것은 눈이 가리워졌던 까닭이고(눅 24:16), 그 후에 보게 된 것은 그들의 눈이 밝아진 까닭이었다(눅 24:31). 우리로 하여금 보게 하시는 이는 예수님이시다.

마리아로 하여금 예수님을 알아보도록 하신 예수님의 방법은 "마리아야"(요 20:16) 하신 말씀이었다. 그것은 이름을 불러주시는 단 한 마디의 말씀이었으나 놀라운 역사를 일으켰다. 그는 무덤 속에 있는 나사로를 살리실 때에도 "나사로야 나오라"(요 11:43) 하신 말씀 한 마디를 하셨을 뿐이다. 예수님이 마리아의 이름을 부르신다는 것은 그가 마리아를 아신다는 것이다. 그녀는 하나님의 아신 바 된 사람이다(고전 8:3. 참조, 고전 14:38). 조금 전에는 예수님께서 그를 "마리아야" 하시지 않고 그저 "여자여"라고 하셨을 뿐이다. 그때에 마리아는 예수님을 식별하지 못하였었다(15절). 예수님께서 "마리아야" 하신 것은 그녀의 영혼과 생명을 찾으시는 것이었다.

내가 어렸을 때에 장티푸스를 앓으면서 기절했던 일이 있었다. 그때에 나의 어머니는 내 이름을 계속적으로 불렀다고 한다. 그것은 잃어버린 나의 생명을 찾아내려는 어머니의 뜨거운 사랑이었다. 예수님이 "마리아야" 하신 부르심은 그의 구속(救贖)의 사랑 곧, 우주보다 더 큰 사랑을 마리아로 하여금 깨닫도록 하시려는 사랑의 음성이었다. 그 사랑 맛은 바로 예수님의 맛이다. 예수님은 "마리아야" 하시는 동시에 그녀의 눈도 밝게 하여 주셨다. 예수님은 손 마른 자에게 "손을 펴라"고 하시는 그 순간 그의 손에 힘을 주셔서 펴도록 해주셨던 것이다 (마 12:13).

2. "나를 만지지 말라"고 하신 말씀의 목적이 무엇인가?

그의 부활하신 몸은 거룩하시므로 "만지지 말라"고 하셨을까? 그러면 그가 도마에게 그의 부활하신 몸을 만져 보라고 하신 적도 있지 않은가(요 20:27)? 이 밖에도 사도들이 모였을 때에 그들 가운데 나타나셔서 자기 몸을 만져 보라고 하셨다(눅 24:39). 그러므로 여기 이른바 "나를 만지지 말라"고 하신 말씀은 그를 놓치지 않으려고 붙잡고자 하는 마리아의 생각을 멈추도록 하시려는 것이다. 그는 그때에 땅 위에 만류되어 계실 사정은 못된다. 그는 승천하셔야 될 것이었다. 그는 승천하셔서 성령을 보내시어 신자들을 거듭나게 하시고, 그들로 하여금 하나님을 "아바 아버지"(롬 8:15)라고 부르게 하심으로 그의 하나님이 신자들의 하나님이 되게 하시고, 그의 아버지가 그들의 아버지가 되게 하시며, 그들을 그의 형제가 되게 하려고 하신다.

52

주님을 따르자

◆ 요 21:18-22 ◆

1. 따른다는 뜻

(1) 이것은 길 모르는 사람이 길을 아는 사람을 따라감과 같은 것이다. 이와 같이 따르는 것이 믿음이다. 이는 걱정하며 따름이 아니고 안심과 평안과 소망을 가지고 따름이다. 무디는 말하기를 "신앙은 내 지식을 희생함이다."라고 하였다.

(2) 주님을 따른다는 것은 예수님과 함께 행함이다. ① 행함이 없는 믿음은 "그 자체가 죽은 것이라"(약 2:17)고 하였고, "영혼 없는 몸"(약 2:26)과 같다고 하였으니, 썩은 냄새만 날 것이다. ② 예수님과 함께 행하는 그것을 "오라"는 말로도 표현하였다. "수고하고 무거운 짐 진 자들아 다 내게로 오라"(마 11:28)고 한 말씀이 그 한 가지 실례이다. 그러나 그것이 쉬려고 오는 것이니 만큼 역시 기쁨과 평안을 가지고 움직여진다. ③ 예수님은 "믿는 자"란 말 대신에 "내 살을 먹고 내 피를 마시는 자"(요 6:54-56)라고도 표현하였다. 이것 역시 그리스도를 음식처럼 받아 그분으로 말미암아 생활하라는 의미이다. 관념론적 신앙은 사실

상 믿지 않는 것이니 스스로 속이는 행동이다.

2. 주님을 따를 이유

우리가 주님을 따를 이유는 무수하다. 그것은 주님이 무한히 좋기 때문이다. 우리가 그것을 영원히 말해도 다함이 없을 것이다. 다만 우리는 여기서 그 이유를 몇 가지만 들어보자.

(1) 우리는 우리의 장래를 모르기 때문에 주님을 따라가야 된다. 우리 자신은 모르는 것뿐이다. 우리는 언제나 육신의 평안을 구하는 약한 자들이다. 그러나 주님께서는 우리의 참된 유익을 위하여 우리의 장래를 주장하신다. 그 길이 평안하든지 역경이든지 그가 아시고 인도해 주시니 우리는 안심하고 따라갈 뿐이다.

우리는 우리의 죽음에 대하여는 최대한도로 긴장되어야 한다. 우리가 바로 사는 것도 귀하지만 바로 죽는 것도 귀하다. 바로 죽는다는 것은 무엇인가? 우리 각자가 사명을 다하다가 죽는 것이 바로 죽는 죽음이다. 만일 신앙의 원수들이 우리의 신앙을 흔들어 보려고 박해한다면 끝까지 신앙을 지키기 위하여 순교해야 된다. 그것이 바로 죽는 것이다. 이 밖에도 사명으로 죽는 일이 있으니, 예를 들면 주석가 벵겔(Bengel)은 신약 주석을 다 썼는데, 그는 마지막 페이지 교정을 마치고 붓을 놓은 뒤 곧 죽었다. 우리는 놀다가 죽을 자들이 아니고 사명을 다하다가 죽어야 된다. 우리가 이와 같이 되려면 주님을 따라가야 된다. 주님을 떠난 자들은 자기 사명(使命)에 관심이 없다.

(2) 우리는 바로 죽기 위하여 주님을 따라가야 된다. 우리는 날마다 죽음의 위험을 내다본다. 하나님께서 사랑하시는 자녀들에게 귀한 약속들을 많이 주셨지만 고난과 환난을 면케 해주시겠다는 약속은 주시지 않았다. 그러나 그가 환난 중에 처한 성도들과 함께하여 주시겠다는 약속은 하셨다. 예수님은 말씀하시기를 "내가 너희에게 분부한 모든 것을 가르쳐 지키게 하라 볼지어다 내가 세상 끝 날까지 너희와 항상 함께 있으리라"(마 28:20)고 하셨다. 우리가 여기서 주의할 것은 그가 신자들과 함께하시되 특별히 그의 복음을 전하는 자들과 함께하여 주시겠다고 약속하신 점이다. 믿는다고 하면서 주님을 위하여 일하기 싫어하는 자들과 그는 함께하시지 않는다. 하나님은 인간의 게으른 죄악을 조장시키시는 이가 아니시다.

(3) 우리는 하늘의 생명과 모든 좋은 것에 참여해야겠기 때문에 주님을 따라가야 된다. 주님은 부활이요 생명이시니 그를 따르지 않는 자는 하늘의 생명에 참여하지 못한다. 그리고 모든 좋은 것들은 예수님 안에서 우리가 소유하게 된다. 캄벨 몰간(Cambel Morgan)은 말하기를 "성결도 그리스도 자신이시다. 생명도 그리스도이시다."라고 하였다.

사도행전

53

증인(證人)
♦ 행 1:6-8 ♦

모든 신자들은 다 증인의 자격을 가진다. 그러므로 그들은 이 사명을 올바로 감당하기 위하여 필요한 조건을 갖추어야 한다.

1. 권능의 증인

기독교가 말하는 "권능"이란 것은 무엇인가? 그것은 물론 기적을 행하는 것을 가리킨다. 그러나 성경은 기적 행하는 권능보다도 말씀을 증거하는 권능을 중요시한다. 바울은 말하기를 "유대인은 표적을 구하고 헬라인은 지혜를 찾으나 우리는 십자가에 못 박힌 그리스도를 전하니"(고전 1:22-23 상반)라고 하였다. 그리스도 자신이 기적 중의 기적인 줄을 우리는 알아야 한다. 그러므로 바빙크(H. Bavinck)은 말하기를 "예수님의 성육신과 죽었다가 다시 살으심과 그의 승천은 무엇을 계시하기 위한 방편이 아니라 하나님 자신의 나타나심이다."라고 하였다 (*Gereformeerde Dogmatiek* Ⅰ, 1928, p.310). 그리스도를 전파하는 말씀은 이적의 말씀 중에 최고 정점이다.

우리는 그리스도를 증거하기 위하여 외부적 기적을 원할 수도 있기는 하나 오히려 말씀 전파의 영력(靈力)을 더 원해야 된다. 그러므로 바울은 말하기를 "너희가 우리에게 들은 바 하나님의 말씀을 받을 때에 사람의 말로 아니하고 하나님의 말씀으로 받음이니 진실로 그러하다 이 말씀이 또한 너희 믿는 자 속에서 역사하느니라"(살전 2:13)고 하였다. 세례 요한은 "엘리야의 능력으로"(눅 1:17) 역사하였다. 그가 나타낸 능력은 외부적 기적을 행함이 아니었고 하나님의 말씀을 능력있게 전함이었다. 요 10:40-42에 말하기를 "많은 사람이 왔다가 말하되 요한은 아무 표적도 행치 아니하였으나 요한이 이 사람을 가리켜 말한 것은 다 참이라 하더라 그리하여 거기서 많은 사람이 예수를 믿으니라"고 하였다. 그러므로 우리는 이 세상 떠나는 날까지 말씀을 깊이 연구하며 묵상하여 능력있게 설교해야 된다.

2. 땅 끝까지 갈 마음이 있는 증인

주님께서 제자들더러 땅 끝까지 가라고 하신 이유는 무엇인가? 그것은 그 증거할 말씀(복음)이 인류에게 참된 평안을 주는 소식이기 때문이다. 사 52:7에 말하기를 "좋은 소식을 가져오며 평화를 공포하며 복된 좋은 소식을 가져오며 구원을 공포하며 시온을 향하여 이르기를 네 하나님이 통치하신다 하는 자의 산을 넘는 발이 어찌 그리 아름다운고"라고 하였다.

예수 그리스도는 구원 역사의 절정을 이루신 의미로 부활하셔서 제자들을 찾아와 제일 먼저 하신 말씀이 "평강이 있을지어다"(요 20:21)라고 하셨다. 그 전에도 그의 역사는 모두 우리에게 평강을 주시기로 목적하신 것이었다. 그 대표적인 것 세 가지를 들어 본다면, ① "소자야 안심하라 네 죄 사함을 받았느니라"(마 9:2) 하셨고, ② "안심하라 내니 두려워 말라"(마 14:27) 하셨고, ③ "이것을 너희에게 이름은 너희로 내 안에서 평강을 누리게 하려 함이라 세상에서는 너희가 환난을 당하나 담대하라 내가 세상을 이기었노라"(요 16:33)고 하셨다. 기독교 복음은 기쁜 소식이며, 주님이 동행하여 주시는 평안의 보장이며, 최후적 승리의 영광을 가져오는 것이다. 이 사실을 알게 된 순교자 손양원 목사는 자기가 예수 믿게 된 것이 너무 기뻐서 하루 밤은 잠을 이루지 못했다고 한다.

3. 내게 있는 것으로 줄 수 있는 증인

성전 미문에 앉아서 구걸하는 앉은뱅이에게 베드로는 말하기를 "은과 금은 내게 없거니와 내게 있는 것으로 네게 주노니 곧 나사렛 예수 그리스도의 이름으로 걸으라"(행 3:6)고 하였다. 교역자는 자기에게 있는 것으로 주는 자이다. 그는 자기에게 없는 것을 남에게 준다는 외식자가 되지 말아야 한다. 행 1:8 끝에 "내 증인이 되리라"고 한 말씀은 사실상 증인이 아니던 자가 증인 자격을 장차 갖추게 된다는 뜻이 아니다. 이 말씀은, 그 제자들이 증인 자격을 갖추고 있는데 장차 어느 시점에 가서는 그들에게 있는 대로 증인 구실을 하리라는 뜻이다. 우리는 종종 보배를 가지고도 그것이 보배인 줄 모르기 때문에 우리에게 확신과 담력이 없다. 우리에게는 작은 믿음이라도 있지 않은가? "믿음은 하나님의 선물"인 줄 믿는 그 믿음이라도 우리에게 있지 않은가? 우리는 그 믿음을 가지고 하나님께 매달려서 더 큰 은혜를 구하여야 한다. 우리 가운데 어떤 이는 벌써 받은 은혜가 크다. 그래도 그는 그 은혜 때문에 교만하지 말아야 한다. 이제 그는 땅 끝까지 가서 그 받은 은혜를 증거할 사명감을 가져야 한다. 죠지 뮬러(George Müller)는 70세에 세계 선교를 시작하여 94세까지 여덟 차례나 세계를 순회하면서 전도한 바 있다.

54

초대 교회의 부흥

◆ 행 6:1-7 ◆

1. 행정에 현명하였음

(1) 원망을 제거하는 행정. 법률의 황금률도 "도적 열 사람을 놓치는 한이 있더라도 한 사람을 억울하게 하지 말라"고 하였다. 그러므로 예수님께서 말씀하시기를 "예물을 제단에 드리다가 거기서 네 형제에게 원망들을 만한 일이 있는 줄 생각나거든 예물을 제단 앞에 두고 먼저 가서 형제와 화목하고 그 후에 와서 예물을 드리라"(마 5:23-24)고 하셨다.

(2) 적재적소(適材適所)로 분업 봉사하였음. 본문에 말한 "마땅치 아니하니"(οὐκ ἀρεστόν ἐστιν)란 말은 합리적이 아니라는 뜻이다. 그러므로 단체 생활 운영에 있어서 인재(人材)를 적소(適所)에 쓰는 것은 그 단체가 잘 되도록 하는 비결이다. 개인의 감정 문제로 인재를 내어 버리는 것은 불의한 일일 뿐 아니라, 또 그 단체를 해롭게 한다. 집권자(執權者)의 자유로 교회의 일을 좌우하는 것은 죄악이다.

(3) 권리 행정이 아니고 공화적(共和的)인 행정이었음. 사도들은 자기들의 수고한 공적(功績)으로 인선(人選)에 특권을 감행하지 않고 선택권

이 회중에게 있는 줄 알고, 그들이 선택하기를 원하였다. 하나님의 교회 일을 하는 데 있어서 언제라도 파벌주의와 지방 관념으로 할 때에는 교회에 참된 평안이 있을 수 없다.

2. 기도와 말씀 전파를 전무하는 자들을 소유한 교회였음

"우리가 하나님의 말씀을 제쳐놓고 공궤를 일삼는 것이 마땅치 아니하니"라고 한 것을 보면 중요한 직분이 말씀 수종의 일이다. 여기 "기도하는 것과 말씀 전하는 것"이란 문구에 있어서, 기도란 말이 첫 순서로 나옴을 보아서 기도를 더 중요하게 여기는 의미가 있는가? 이 순서는 말씀 수종에 기도가 먼저 있어야 그 일이 잘 될 것을 생각하게 할 뿐이고, 그것이 말씀 수종보다 중요하다는 의미는 아니다. 어쨌든 그 두 가지가 가장 중요하다는 것을 이 문구가 나타낸다. 구제 사업은 다른 사람이 내 대신으로 하여 줄 수 있으나 기도생활과 말씀 수종은 내가 직접 해야만 된다. 이 두 가지 일은 교회 부흥의 비결이다. 특별히 기도에 대하여 토레이(Torray)는 부흥의 비결로서 다음과 같이 말하였다. 곧 "첫째, 두세 명의 기독신자들(많을 필요는 없음)이 하나님 앞에 바로 서는 것이 근본적 중요성을 띤다. 둘째, 이들이 단결하여 부흥이 오기를 위해서 기도할 것이다(부흥이 올 때까지). 셋째, 그들은 그들 자신을 하나님 손에 맡겨 어떻게 쓰이든지 쓰이기를 기쁘게 여겨야 한다."라고 하였다.

그리고 말씀 수종은 기도 이상으로 중요하다. 하나님의 말씀은 교회를 발전시킨다. 초대 교회는 하나님의 말씀 때문에 왕성하였다. 행 6:7에 말하기를 "하나님의 말씀이 점점 왕성하여 예루살렘에 있는 제자의 수가 더 심히 많아지고 허다한 제사장의 무리도 이 도에 복종하니라" 하였고, 행 12:24에는 "하나님의 말씀은 흥왕하여 더하더라" 하였고, 행 13:49에는 "주의 말씀이 그 지방에 두루 퍼지니라" 하였고, 행 19:20에는 "이와 같이 주의 말씀이 힘이 있어 흥왕하여 세력을 얻으니라"고 하였다 사람들은 하나님의 말씀은 건조하기만 하고 생명력은 없는 듯이 오해하고 있다. 그들은 바울의 말씀 가운데 "하나님의 나라는 말에 있지 아니하고 오직 능력에 있음이라"(고전 4:20)고 한 말씀을 잘못 해석한다. 여기 관설된 바 말에 있지 아니하다는 것은 하나님의 말씀을 염두에 둔 것이 아니고, 그 당시의 거짓 스승들의 교만한 말을 상대한 것이다. 성경이 말한 대로 하나님의 말씀은 바로 능력이다 (참조, 렘 23:28-29).

55
교역자의 전력할 것 두 가지
◆ 행 6:4 ◆

"전무함"이란 말의 헬라어(προσκαρτεσέω)는 단단히 붙잡음(hold fast), 계속함(persistence)을 의미하는데 예수님의 철야 기도와 같은 것이다. 예수님의 기도훈(祈禱訓)에 그런 내용이 강조되었다(눅 11:8; 18:7). 기도하는 것과 말씀 전하는 것은 교역자로서 계속 힘쓸 일이다.

1. 기도에 전력할 것

기도는 응답되기까지 계속해야 한다. 그런 기도는 영적 욕구가 간절한 증거이다. 바리새인의 기도는 스스로 의롭다고 내세우는 기도였으니 종교적 쇼(show)에 불과하다. 스스로 의롭다고 생각하는 자는 자기의 죄감(罪感)이 강하지 못할 뿐 아니라 영적 욕구가 거의 없다. 그는 창기들과 세리들보다 천국에서 멀다(마 21:31). 바울이 다멕섹 도상에서 주님을 만난 후 사흘 동안 식음을 전폐하고 기도하였는데, 그것이 참된 기도였다. 그러므로 그때에 주님은 아나니아에게 말씀하시기를 "(볼지어다) 저가 기도하는 중이다"(ἰδοὺ γὰρ προσεύχεται)라고 하셨다(행 9:11).

사람은 자기 자신을 소망 없는 자라고 인정할 때에 기도를 참되이 하게 된다. 참으로 우리는 영적 불구자이니 어찌 기도하지 않으랴! 노르웨이의 어떤 불구자는 기도만 하여서 그 동네 사람들을 유익하게 하였으므로 그 동네 사람들은 무슨 어려운 일이 있으면 그에게 기도를 부탁하려고 그를 찾아왔다고 한다. 우리가 기도를 효과있게 하려면 그것에 전력해야 된다. ① 보통으로 기도는 당장 큰 효과를 나타내는 것이 아니므로 계속 힘써야 되며, ② 기도는 복잡한 많은 일들 때문에 방해를 받는고로 힘써야 되며, ③ 사람이 평안하면 쾌락에 끌려서 기도하지 못하게 되므로 힘써야 되며, ④ 규칙적으로 하지 않으면 이럭저럭 기도를 못하게 되므로 기도 시간을 빼앗기지 않도록 힘써야 된다.

2. 말씀 전파에 전력할 것

"말씀 전하는 것"이란 말의 헬라어(τῇ διακονίᾳ τοῦ λόγου)를 직역하면 "말씀 수종하는 것"이다. 우리가 말씀을 전한다는 것은 이론을 전함이 아니고 믿음을 전함이다. 그것은 어렵다. 그것은 전심 전력해야 되어진다. 말씀 수종(隨從)하는 것은 말씀을 전하는 일만 아니라 말씀을 받는 일까지 함이다. 사도들은 계시(啓示)를 직접 받기도 하였다.

(1) 우리는 말씀을 상고하여 깨달음으로 우리 자신이 믿음을 얻어야 됨.

① 하나님의 말씀을 사모해야 깨달음. 복 있는 자는 "여호와의 율법을 주야로 묵상하는 자"(시 1:2)이다. 신사적(귀족적이란 뜻인데, 곧 하나님 앞에서 특수 대우받는 영적 귀족을 말함)인 베뢰아 사람들은 날마다 성경을 상고하

였다(행 17:11).

② 고난을 받음으로 성경을 깨달음. 실감 있는 확신은 언제나 고난을 통하여 하나님의 살아 계심을 체험함으로 얻는다. 바울은 말하기를 "기록한 바 내가 믿는고로 말하였다 한 것같이 우리가 같은 믿음의 마음을 가졌으니 우리도 믿는고로 또한 말하노라"고 하였다(고후 4:13). 바울의 이 말씀은 그 위의 모든 말씀으로 보아서(고후 4:7-12), 그가 고난을 받는 중에 체험을 통하여 더욱 확신케 되었다는 뜻이다. 곧 "우리 산 자가 항상 예수를 위하여 죽음에 넘기움은 예수의 생명이 또한 우리 죽을 육체에 나타나게 하려 함이니라 그런즉 사망은 우리 안에서 역사하고 생명은 너희 안에서 하느니라"(고후 4:11-12)고 하였다. 이런 믿음은 평안을 맛보게 하는 확신이다. 키에르케고르(Kierkegaard)은 믿음을 가리켜서 "그것은 5만 척 깊은 바다 위에서 헤엄치는 것과 같다"고 하였다. 이 말은 믿음을 모험으로 본 잘못이다. 그것은 칸트(Kant)가 말한 것과 같은 것이니, 곧 가상신(假想神)에게 투신하는 행동이라는 것이며, 하나의 도박이라는 것이다.

(2) 우리는 말씀을 효과적으로 전해야 됨.

① 자신의 부족에 대하여 확신을 가져야 됨. 고후 3:4에 "우리가 그리스도로 말미암아 하나님을 향하여 이같은 확신이 있으니"라고 하였는데 그것은 자기 자신의 자격 없음을 확신한다는 말씀이다. 목사들이 겉모양으로는 자기를 부정(否定)하는 겸손을 나타내지만 속으로는 '그래도 내게는 이런 장점이 있다'고 하는 자부심을 은근히 가지고 있다.

그것은 자아 부정에 대한 확신이 아니다. 우리는 정신을 가다듬어 깨끗한 마음을 가져보려고 하지만 빈 마음을 가져보아도 별 수 없다. 우리가 빈 마음을 가지고 설교 준비를 한다고 해도 거기서 설교가 나오는 것은 아니다. 설교는 홀연히 생긴다. 성령이 강림하실 때에 "홀연히"(ἄφνω) 임하였다고 했는데(행 2:2), 그것은 인간들에게는 성령 받을 자격이 없지만 격외(格外)의 은혜를 받았다는 말씀과 같다. 설교도 홀연히 임한다. 그러므로 경험 있는 교역자는 자기의 무자격을 확신한다. 무자격 인식, 그것이 자격이다.

오늘날 강단은 설교자들이 그들 자아(自我)를 내세우는 경향이 농후하다. 이것은 참으로 유감스러운 일이다. 하나님의 말씀을 거짓되이 전하지 않아야 된다. 모든 거짓말은 다 숨은 부끄러움을 당한다. 예레미야는 하나님의 말씀을 잘못 전하는 자를 가리켜서 여호와의 말씀을 도적질하는 자라고 말하였다(렘 23:30).

② 하나님 앞에서 설교해야 됨. 다시 말하면 우리는 사람들의 인정을 받으려고 하지 말고 하나님이 기뻐하실 수 있는 설교를 해야 된다. 사람을 기쁘게 하는 설교는 사실 설교가 아니고 연설이다. 그러면 하나님을 기쁘시게 하는 설교는 어떠한가? 그것은 설교자 자신이 하나님의 말씀을 믿을 뿐 아니라 확신에 사로잡혀서 하나님 앞에 선 자로서 하나님을 모시고 설교하는 것이다. 확신은 누가 얻을 수 있는가? 그것은 간절히 그 은혜를 사모하는 자가 받는다. 하나님은 간절한 자에게 은혜를 주신다. 그 이유는 간절한 자가 진실을 소유한 자이기 때

문이다. 하나님은 중심이 진실한 자를 원하신다(시 51:6).

③ 사람의 양심을 찌르도록 설교해야 됨. 거짓 스승들은 사람들의 육체적 욕심을 채워 주려고 힘쓴다(딤후 4:3). 그러나 참된 설교자는 사람들의 양심을 찌른다. 성경은 명령이다. "왜 믿지 않는가?" 또는 "왜 행하지 않는가?" 하는 명령이다. 먼저 설교자 자신이 탄식을 발해야 된다. 그의 양심은 늘 찔리워 있어야 된다. 이런 양심이 남의 양심을 찌를 수 있다.

56

은혜를 사모하자

◆ 행 10:23-33 ◆

우리는 은혜를 사모함에 있어서 고넬료를 본받아야 된다. 그는, 경건하여 기도와 구제를 힘썼으며(행 10:2), 하나님의 말씀을 간절히 사모하였다(24절). 그는 베드로에게 말하기를 "우리는 주께서 당신에게 명하신 모든 것을 듣고자 하여 다 하나님 앞에 있나이다"라고 하였다(33절 하반).

1. 은혜를 사모한다는 의미

그것은 하나님의 모든 말씀을 듣고자 하는 태도를 말한다. 하나님을 믿는 믿음은 그리스도의 말씀을 듣는 데서 난다고 하였다(롬 10:17). 그러므로 벧전 2:2에 말하기를 "갓난 아이들 같이 순전하고 신령한 젖을 사모하라"고 하였다. 성경 말씀은 얼마나 귀한가? 내가 만일 10년 동안 소경이었다가 처음으로 눈을 뜨게 되었다면 무엇을 먼저 보고자 해야 될까? 먼저 성경을 읽고자 해야 된다. 내가 만일 10년 동안 귀머거리 되었다가 귀가 열렸다면 먼저 무슨 소리를 듣고자 해야 될 것인가? 하나님의 말씀 전하는 설교를 듣고자 해야 된다.

신자들은 하나님의 말씀을 잘 먹음으로 자라난다. 하나님의 말씀을 "신령한 젖"이라고 함은 악에 대하여는 어린 아이 같은 그리스도 신자들의 영양분을 의미한 것이다. 신령한 젖을 먹을 수 있는 사람은 갓난아이 같은 신자들이다. 갓난 아이는 죄는 있어도 남을 해롭게 하지는 않는다. 하나님의 말씀은 생명력이므로 살기(殺氣) 있는 자들(남을 해하려는 마음의 소유자들)에게는 들어가지 않는다(참조, 벧전 3:10-11). 갓난 아이는 다른 것은 모르지만 젖 빨 줄은 안다. 그는 그만큼 젖에 집중한다. 그와 같이 신자들도 무엇보다 성경 말씀을 받기에 집중해야 된다. 시 1:2에 "오직 여호와의 율법을 즐거워하여 그 율법을 주야로 묵상하는 자"를 복 있는 자라고 하였다. 성경을 사모하되 나를 위한 생명 양식으로 알고 간절히 사모하는 자에게 그 말씀은 열린다. 성경 말씀을 내 살과 내 피가 되도록 섭취하지 않는 자는 그 심령에 병이 들어 그의 신앙 인격이 장성하지 못한다.

2. 은혜를 사모해야 받음

마 7:6에 말하기를 "거룩한 것을 개에게 주지 말며 너희 진주를 돼지 앞에 던지지 말라 저희가 그것을 발로 밟고 돌이켜 너희를 찢어 상할까 염려하라"고 하였다. 은혜를 사모함은 영혼 중심으로 사는 생활이며 따라서 하나님을 중심함이다. 사람이 육체를 믿는다면 그것은 어리석은 일이다(참조, 렘 17:5-6). 건강도 아무 것도 아니다. 사람은 영원을 사모해야 될 자요 성결을 사모해야 될 자이다. 평안히 사는 것보다 거룩히 살기를 원해야 된다. 욥 19:26-27에 말하기를 "나의 이 가죽 이것이 썩은 후에 내가 육체 밖에서 하나님을 보리라 내가 친히 그를 보리니 내 눈으로 그를 보기를 외인처럼 하지 않을 것이라 내 마음이 초급하구나"라고 하였다. 이것은 영혼 중심으로 사는 자의 고백이다.

57

사명에 불타는 바울과 신앙에 불타는 루디아

◆ 행 16:11-15 ◆

1. 사명에 불타는 바울

그는 기도하는 것과 말씀 전하는 것을 전무하는 사도였다. 행 6:4에 말하기를 "우리는 기도하는 것과 말씀 전하는 것을 전무하리라"고 하였다.

(1) 사도 바울은 빌립보에 이르러 안식일에 기도처를 찾았음. 우리가 어디서든지 기도할 수 있지만, 특별히 기도하기 좋은 환경이 따로 있는 것도 사실이다. 그가 기도처를 찾은 이유는 그의 속에 기도의 불이 있었고 또 기도를 잘 하려고 했기 때문이다. 기도를 잘 하려면 기도할 장소도 좋아야 된다. 그래야 우리가 마음껏 기도할 수 있다. 우리는 왜 기도를 잘해야 되는가? ① 자기를 쳐 복종시켜야 하기 때문이다. 스펜스는 기도하기를 "나를 선인(善人)에게서 구원하소서"라고 하였으니, 그것은 그가 스스로 의롭다고 하는 자아(自我)에게서 건져달라는 뜻이다. ② 기도는 하나님의 은혜의 보좌 앞으로 나아가는 일이니, 그 일을 무성의하게 하면 되겠는가? 히 4:16에 말하기를 "그러므로 우리

가 긍휼하심을 받고 때를 따라 돕는 은혜를 얻기 위하여 은혜의 보좌 앞에 담대히 나아갈 것이니라"고 하였다. 은혜의 보좌는 엄하다. 그것은 은혜롭지만 무질서가 아니고 왕의 질서이다.

③ 받은 은혜를 잃지 않기 위하여 기도를 잘 해야 한다. 히 2:1에 말하기를 "모든 들은 것을 우리가 더욱 간절히 삼갈지니 혹 흘러 떠내려 갈까 염려하노라"고 하였다. 우리들이 하나님에게서 멀어지면 안 된다. 내가 하나님과 멀어졌는지 가까워졌는지 내 양심은 증거한다. 만일 멀어졌으면 그 이상 큰 근심은 없다. 하나님과 나와의 관계가 내 심령에 있어서 항상 긴장되어 있어야 한다. 그렇게 되어 하나님께 기도하면 그 기도가 올라가는 느낌이 내게 있어야 된다. 우리는 이와 같이 되기까지 기도를 힘써야 된다. 시 42:1에 말하기를 "하나님이여 사슴이 시냇물을 찾기에 갈급함같이 내 영혼이 주를 찾기에 갈급하니이다"라고 하였다. 신자는 하나님을 이와 같이 사모한다. 그러므로 다윗은 말하기를 "나는 기도할 뿐이라"(원문대로는 "나는 기도로다")고 하였다.

(2) 바울은 강가에 모여 앉은 여자들에게 말하였음. 바울은 말씀(복음) 전하기를 위주하였다. 그가 이와 같이 말씀 전하기를 즐기며 힘쓴 이유는 그렇게 전하지 않으면 자기에게 화(禍)가 임할 줄 아는 공포심 때문이라고도 할 수 있으나(고전 9:16), 그는 역시 복음 전도에 즐거움을 가진 것이었다. 그는 죽어서 썩어져가는 자 같은 사람들이 복음으로 살아나는 것을 보기 즐거워하였다. 그것은 우리 주님의 심정이다. 그는 아흔 아홉 의인(義人) 보다도 죄인 한 사람이 회개하는 것을 더 기뻐

하셨다(눅 15:7). 바울은 신자들을 가리켜 "나의 기쁨이요 면류관인 사랑하는 자들"(빌 4:1)이라고 하였다. 그러므로 그는 디모데에게 부탁하기를, 말씀을 전파하되 "때를 얻든지 못 얻든지 항상 힘쓰라"(딤후 4:2)고 하였다. 이와 같은 말씀이 겔 2:7에도 있으니, 듣든지 아니 듣든지 전하라고 하였다.

2. 신앙에 불타는 루디아

(1) 그 여자는 하나님의 말씀 듣기에 간절함. 주께서 그의 마음을 열어 바울의 말을 청종하게 하셨다(14절). 신자가 설교를 잘 듣고 맛을 느끼는 것은 주님께서 그의 마음을 벌써 열어 주셨기 때문이다. 하나님의 말씀을 듣기에 간절하지 않은 사람은 아직 신앙이 확실치 않은 사람이다.

(2) 자기의 온 가족이 구원받기를 간절히 원하였음. 신자들이 종종 자기의 사랑하는 가족들의 구원 문제에 대하여 무관심한 일이 많다. 그러나 어떤 이들은 그렇지 않다. 그레고리 나지안주스(Gregory of Nazianzus)의 어머니 논나(Nonna of Nazianzus)는 그의 남편이 불신자였으나 그 남편을 위하여 간절히 기도한 결과 그 남편이 회개하고 감독까지 되었다. 그 여자는 예배당 강단 앞에서 기도하다가 별세하였다. 바울은 말하기를 "나의 형제 곧 골육의 친척을 위하여 내 자신이 저주를 받아 그리스도에게서 끊어질지라도 원하는 바로라"(롬 9:3)고 하였다. 딤전 5:8에 "누구든지 자기 친족 특히 자기 가족을 돌아보지 아니하면

믿음을 배반한 자요 불신자보다 더 악한 자니라"고 하였다.

⑶ 루디아는 신앙 제일주의에 불탔음. 그 여자의 말이 "만일 나를 주 믿는 자로 알거든"이라고 하였다. 그 말에는 자기가 주님을 신앙함에 틀림없기를 원하는 소망이 보인다. 히브리서 11장에는 신앙으로 하였다는 말씀이 40차례 나온다.

⑷ 루디아는 겸손에 불타고 있었음. 그 여자는 "나를 주 믿는 자로 알거든"이라고 하였으니, 그 말에는 자기의 입장을 내세우지 않고 다만 사도 바울의 인정을 바라보는 정도이다.

⑸ 루디아는 사도 바울을 대접하려는 소원에 불탔음. 그는 말하기를 "만일 나를 주 믿는 자로 알거든 내 집에 들어와 유하라"고 하였다. 그 말 내용에는 사도 바울을 대접하는 것을 특권으로 알았고, 그 일에 한몫 들기 어려운 줄 알고 간절히 원했다. 교역자를 대접하는 것은 물질로써만 아니라, 그의 전하는 말씀을 잘 순종하는 것으로 함이 더욱 아름답다. 요삼 4절에 말하기를 "내가 내 자녀들이 진리 안에서 행한다 함을 듣는 것보다 더 즐거움이 없도다"라고 하였다. 전도자의 전하는 말이 성경에서 나온 말씀이면 무조건 그 말씀에 순종해야 된다. 교회가 교역자를 대접함에 있어서 온 교인이 다 책임을 질뿐더러 루디아와 같이 불타는 가슴으로 해야 축복을 받는다. 모든 교인들은 다 함께 교역자를 하나님의 종으로 알고 대접해야 된다.

58

루디아의 신앙

◆ 행 16:11-15 ◆

 루디아의 회개는 바울이 강가에서 설교할 때에 되었다. 그는 유럽에서 가장 먼저 회개한 신자였다.

1. 새로이 깨닫고 믿었음

 그는 하나님을 공경한다고 하면서도 아직까지 심령으로 복음을 깨닫지 못한 상태였다. 그런데 그가 하나님의 말씀을 들을 때에 그의 마음문이 열린 것은 귀한 은혜이다. 이것이야말로 하나님의 말씀에 마음을 내어 주는 믿음이다. 우리가 누구에게 마음을 주었다면 그때부터 감심으로 그의 말에 순종하게 된다. 그런 순종은 살과 같이 부드러워진 마음의 순종이다. 14절의 "마음"이란 말의 헬라어(καρδία)는 심장을 의미한다. 마음이 열리는 것은 오직 성령의 힘으로만 되는 것이다. 우리는 우리의 힘으로 남의 마음을 열려고 애쓰지 말 것이다. 우리의 힘으로 그렇게 하려고 하는 동안 우리 자신이 우선 돌과 같이 굳어진다. 우리의 마음이 돌과 같이 굳어지지 않으려면 우리는 진리에 대하여 실감 없이, 또는 실행 없이 말하기를 두려워해야 된다.

2. 겸손으로 나타났음

그는 신앙가로 자처하기를 두려워하였다. 그는 말하기를 "만일 나를 주 믿는 자로 알거든"이라고 하였다(15절). 우리가 낮아질 때에 하나님께서 우리를 사용하신다. 고전 1:27-28에 말하기를 "하나님께서 세상의 미련한 것들을 택하사 지혜 있는 자들을 부끄럽게 하려 하시고 세상의 약한 것들을 택하사 강한 것들을 부끄럽게 하려 하시며 하나님께서 세상의 천한 것들과 멸시 받는 것들과 없는 것들을 택하사 있는 것들을 폐하려" 하신다고 하였다. 미국의 초대 대통령 워싱턴(G. Washington)은 진실한 신자였다. 주일에 그를 만나려면 교회에서 만날 수 있었다고 할 만큼 그는 예배 시간에도 충실히 참석하였으며, 그는 자기 앞에서 일하는 종들에게도 모자를 벗고 인사하였다고 한다.

그러면 겸손은 구체적으로 말해서 무엇인가? 그것은 신자가 자기의 부족과 죄과를 알고 그것을 끊어버림이다. '나는 부족하다'고 말하면서도 죄를 버리지 않는 자는 겸손한 모양만 내는 외식자이다. 그러므로 사 57:15에 말하기를 "지존 무상하며 영원히 거하며 거룩하다 이름하는 자가 이같이 말씀하시되 내가 높고 거룩한 곳에 거하며 또한 통회하고 마음이 겸손한 자와 함께 거하나니 이는 겸손한 자의 영을 소성케 하며 통회하는 자의 마음을 소성케 하려 함이라"고 하였다. 사람이 죄를 버릴 때에 참된 겸손이 성립되고 주님을 믿는 신앙도 성립

되어 구원을 받는다. 어떤 배가 파선 당했을 때에 두 사람이 물에 빠졌는데, 한 사람은 자기가 가지고 가던 짐짝을 내어버리지 않으려고 끝까지 건사하다가 물에 빠져 죽었고, 다른 한 사람은 자기의 짐을 다 버리고 헤엄쳐 나왔다고 한다. 그와 같이 우리는 이 위태한 세상에 살면서 모든 것은 다 버린 것과 같이 생각하고 주님 한 분만을 믿는 데 총집중해야 된다(참조, 고전 7:29-31).

3. 하나님의 종을 대접하였음

그는 왜 바울을 강권하여 자기 집에 유하도록 하였는가? 그것은 하나님의 말씀 전파를 도와주기 위한 것이었다. 하나님은 물질로써 하나님의 말씀 전파에 이바지하는 것을 중요하게 여기신다. 바울은 물질로써 그의 전도 운동을 도와 준 빌립보 교회에 대하여 다음과 같이 말하였다. 곧 "너희가 내 괴로움에 함께 참예하였으니 잘 하였도다"(빌 4:14) 하였고, 또 "이는 받으실 만한 향기로운 제물이요 하나님을 기쁘시게 한 것이라"(빌 4:18)고도 하였다.

59

장로 성직의 신중성

◆ 행 20:28-32 ◆

순교자 디브리(Devrie)는 사형 받을 때에 말하기를 "나는 교수대에 올라가는 것보다 강단에 올라가기를 두려워하였노라"고 하였다. 거룩하신 하나님의 일을 맡는 것은 두려운 일이다. 그러므로 바울은 장로들에게 말하기를 "자기를 위하여 또는 온 양떼를 위하여 삼가라"고 하였다(28절).

1. 장로직에 삼가야 할 대상이 무엇인가?

(1) 자신을 위하여. 성직자는 무엇보다 먼저 문제되는 것이 자기 자신이다. 자기가 되지 못하고 남을 되게 할 수는 없다. 사도 바울은 말하기를 "내가 내 몸을 쳐 복종하게"(고전 9:27)한다고 하였다. ① 자기의 구원 문제를 참으로 걱정하지 못하는 자가 어떻게 남들의 구원 문제를 걱정할 수 있으랴? ② 교회 일은 사업욕으로 할 수 있는 것이 아니고, 주님의 일꾼 자신이 은혜 받고 자동적으로 맺는 열매이다. 은혜로 해야 일이 된다. ③ 남들의 모본이 됨으로만 일이 되어진다. 그러므로 벧

전 5:3에 말하기를 "맡기운 자들에게 주장하는 자세를 하지 말고 오직 양무리의 본이 되라"고 하였다. 사람의 힘으로 교회 일을 바로 할 수 없다.

(2) 양떼를 위하여 조심할 것. 장로는 주로 그들의 영혼을 위하여 일한다(히 13:17). 그들을 위한 기도로 그들을 하나님께 부탁해야 된다. 사람은 보이지 않는 영혼들을 취급할 수 없다. 이 점에서 기도는 그들의 특별한 무기이다. 장로는 교회 행정도 해야 된다. 행정상 공의를 행하려면 사랑을 잃기 쉽고, 사랑을 행하려면 공의를 잃기 쉽다. 뿐만 아니라, 성직자가 교회를 위하여 일하되 복음을 파수하기만 하고, 적극적으로 불의(不義)를 분쇄시키는 운동을 잊어버리기 쉽다. 그리고 남을 위한다는 것이, 자기 자신을 위한 것으로 뒤바뀌기 쉽다. 교회 행정을 사람의 재주로 하다가는 실패한다. 바울 사도와 같이, 속이는 자 같으나 참되어야 한다. 이는 하나님과 동행하므로 할 수 있다.

2. 왜 신중을 기해야 되는가?

(1) 성령이 세워 주신 직분이기 때문임. 사람이 성직을 실행할 때에 그의 눈에 성령이 보이지 않기 때문에 하나님을 두려워함이 없이 인본주의로 행하기 쉽다. 그러나 성직자는 그 세우신 이(성령)를 기쁘시게 하기 위하여 행해야 된다. 군인은 군사로 모집한 자를 기쁘게 해야 된다(딤후 2:4). 사람을 기쁘게 하기는 어렵기도 하거니와, 사람을 기쁘게 할 목표로 교역하는 것을 하나님께서 금하셨다. 사람은 까다로운고로

늘 기쁘게 하기 어렵다. 그러나 성령님은 너그러우신고로 우리가 진실한 종이 되기만 하면 그가 기뻐하신다.

(2) 교회는 하나님의 피로 세우셨기 때문임. 피로 산 것은 은금으로 산 것보다 귀하다. 기독교는 하나님의 아들의 피로 구원받음을 전한다. 성경에 "피"란 말이 700번이나 있다.

장로는 조심하여 예수님의 피에 다른 것을 가하지 않아야 된다. ① 자기의 의(義)를 그 위에 올려놓지 말아야 된다. ② "순교자는 교회의 종자"란 말을 삼가야 된다. 그 뜻을 바로 알고 써야 된다.

예수님의 피를 드러내려면 자기를 공(空)으로 만들어야 된다. 곧, 나는 죽어야 된다.

60
주는 것이 받는 것보다 복이 있음
◆ 행 20:33-35 ◆

1. 주는 것이 왜 복이 있는가?

(1) 주는 행위는 복되신 하나님을 본받는 것이기 때문임. 하나님은 인류에게 좋은 것들을 주시기만 하시는 분이시다. 우리는 하나님에게서 너무 귀한 것들을 거저 받았다. 우리는 그에게서 무엇보다도 영혼을 받았다. 한 사람의 영혼은 천하보다 귀하다. 뿐만 아니라, 우리는 그에게서 몸도 받았다. 몸은 얼마나 귀한가? 땅 위의 모든 동물들을 두루 살펴도 사람의 몸처럼 귀하게 생긴 것은 없다. 뿐만 아니라, 우리는 예수 그리스도의 보혈(寶血)로 속죄(贖罪)함을 받았다. 그 속죄로 인하여 우리는 하나님에게서 영생을 받았다. 우리는 이 모든 것을 하나님에게서 거저 받았다. 그러므로 우리도 남들에게 좋은 것들을 거저 주기를 힘써야 된다. 그리하므로 우리가 하나님을 본받게 되고, 그의 복에 참여하게 된다.

(2) 물질을 하나님께 바치므로 축복을 받는 까닭임. 주님께서는 신자가 신령한 목적을 위하여 물질을 사용하는 것을, 더욱 귀한 일로 여

기신다. 예수님께서는 그에게 향유를 부은 여자의 선행(善行)을, 가난한 자를 구제하는 것보다 더욱 높이 칭찬하셨다. 그는 그때에 말씀하시기를 "가난한 자들은 항상 너희와 함께 있거니와 나는 항상 있지 아니하리라"(요 12:8)고 하셨다(참조, 잠 19:17).

2. 누가 줄 수 있는 자가 되는가?

(1) 탐심이 없는 자(33절). 하나님께서는 탐심으로 사업하는 자를 도와주시지 않는다. 탐심을 품은 자는 돈을 벌기 위하여 옳지 않은 방법을 취하다가 범죄하며 하나님의 축복을 받지 못한다. 잠 21:6에 말하기를 "속이는 말로 재물을 모으는 것은 죽음을 구하는 것이라 곧 불려 다니는 안개니라" 하였고, 잠 10:2에는 "불의의 재물은 무익하여도 의리는 죽음에서 건지느니라" 하였고, 잠 13:11에는 "망령되이 얻은 재물은 줄어가고 손으로 모은 것은 늘어가느니라" 하였고, 잠 20:21에는 "처음에 속히 잡은 산업은 마침내 복이 되지 아니하느니라"고 하였다.

(2) 손으로 일하는 자(34절). 수고로이 일해야 남에게 줄 수 있다. 노동은 신성하다. 하나님이 사람을 지으시고 처음 축복으로 주신 것은 노동이다. 창 1:28에 말하기를 "땅을 정복하라 … 모든 생물을 다스리라"고 하셨다. 인간이 범죄한 뒤에는 하나님께서 말씀하시기를 "너는 종신토록 수고하여야 그 소산을 먹으리라"(창 3:17)고 하셨다. 그러므로 수고하지 않고 먹으려는 자는 하나님 앞에 반역자요, 또한 사업에도 성공하지 못한다. 그러므로 시 128:1-2에는 말하기를 "여호와를 경외

하며 그 도에 행하는 자마다 복이 있도다 네가 네 손이 수고한대로 먹을 것이라 네가 복되고 형통하리로다"라고 하였다.

(3) 남들을 돕기 위하여 일하는 자(34-35절). 언제든지 이기주의(利己主義)는 자기를 극히 좁게 축소시키므로 어두워지며, 마침내 질식되어 죽고 만다. 남들을 돕는 생활이 진리에 합당하고 또 자기에게도 유익하다. 예수님의 말씀 중에 "네 이웃을 네 몸과 같이 사랑하라"(마 22:39) 하셨는데 이 말씀은 남을 내 몸과 같이 사랑하라는 태산같이 무거운 짐을 지우는 것같이 느껴진다. 그러나 깨닫고 보면 이것은 우리로 하여금 우리 자신을 사랑하는 데 있어서 최대 한도로 하라는 말씀이기도 하다. 우리가 남을 사랑할 때에, 그것은 우리 자신을 넓히는 것이며, 우리 자신을 평화롭게, 밝게, 힘있게 만드는 것이다. 남을 깊이 사랑할 때에 나 자신을 깊이 사랑하는 결과가 되어진다. 특별히 사랑하기 어려운 사람을 사랑할 때에, 그것은 나 자신을 더욱 심각하게 사랑하는 결과가 되어진다.

그러므로 "이웃을 네 몸과 같이 사랑하라" 하신 말씀에는 이웃을 사랑함이 나 자신을 사랑함과 마찬가지임을 알라는 뜻도 있다. 특별히 하나님의 일을 위하여 남들을 돕는 생활은 더욱 큰 성과를 가져온다. 이런 목적으로 일하는 사람은 무슨 일을 하든지 그의 심리부터 위대하다. 그는 범사에 하나님의 일을 위하여 움직인다. 이와 반대로 누구든지 사리사욕을 위하여 평생 일한다면 그는 진리에서 탈선하여 사랑을 전혀 모르는 마귀의 자리로 깊이 떨어진다.

61

몸의 부활에 대한 바울의 논증

◆ 행 26:1-2; 8-23 ◆

바울은 죄인 아닌 죄인으로 법정에까지 서게 되었다. 그는 유다에 와서 다스리는 아그립바 왕 앞에 서서 이제 그의 신앙을 변증하게 되었다. 그의 전하는 것은 그리스도의 부활로 인한 신자의 부활을 초점으로 한 복음이었다. 그의 부활 논증은 다음과 같다.

1. 왜 부활을 못 믿는가 하고 논증함

바울은 말하기를 "당신들은 하나님이 죽은 사람 다시 살리심을 어찌하여 못 믿을 것으로 여기나이까"라고 하였다(8절). 이 말 중에 "하나님"이란 말은 중요하다. 부활을 성립시키시는 이는 하나님이시다. 전능자에게 무슨 불가능이 있겠는가? 처음 창조도 그가 이루시지 않으셨는가? 부활에 대한 모든 난제들은 단 한 마디로 해소된다. 그것은 "하나님께서 사람들의 육체 부활을 성립시키신다"라는 간단한 대답이다(참조, 빌 3:21).

2. 자기의 입장을 들어 논증함

바울은 자기 자신이 과거에는 복음을 대적하던 원수였으나 부활하신 예수님을 뵈온 후부터는 변하여 도리어 복음의 사신(使臣)이 되었음을 역설(力說)하였다. 진리를 대적하던 원흉(元兇)이 회개하고 그 진리의 종이 된 사실은 그 진리의 절대 신뢰성을 증거한다. 그가 전에 아무리 예수님의 부활을 반대하였을지라도 이제 다시 살아나신 예수님을 친히 목격하고서는 더 반대할 수 없었다. 그의 개종(改宗)에는 중대한 객관적 사실들이 관계되어 있다. ① 바울이 다메섹 도상에서 본 빛은 동행자들도 보았고, 또 바울이 들은 소리도 그들이 함께 들었으며(행 9:7; 22:9), ② 아나니아가 초자연적 지시에 의하여 바울에게 그의 사명을 알려주었다(행 9:10-19; 22:10-16). 바울은 이와 같이 초자연적 사건들로 인하여 완전히 개종되어 부활을 전하게 되었다.

3. 예언이 성취된 것을 들어 논증함

바울은 예수님의 부활이 예언 성취의 사건이라고 강력히 말해 내려가다가 결론하기를 "아그립바 왕이여 선지자를 믿으시나이까 믿으시는 줄 아나이다"라고 하였다(27절). 예언 성취의 사건은 절대로 믿을만하다는 의미로 바울은 이 부분에 많이 강조한다. 6절에는 "하나님이 우리 조상에게 약속하신 것을 바라는 까닭"이라고 하였고, 22절에는 자기가 증거하는 것은 "선지자들과 모세가 반드시 되리라고 말한 것 밖에 없다"고 하였다. 예언 성취의 사건은 믿을 만한 진리이다. 사람들이 무엇을 믿는다고 할 때에는 말대로 실행된 사건을 믿는다는 것이다. 수백 년 또는 수천 년 전에 하나님께서 말씀하신 그 말씀이 그대로 이루어졌을 때에 우리는 그 말씀과 또 그 성취된 사건을 다 믿을 수밖에 없다.

바울은 몸의 부활을 믿되 미쳤다는 말을 들을 정도로 강하게 믿었다. 그것은 그리스도에게 전적으로 기울어진 신앙이다. 바울이 예수님의 부활을 증거하다가 핍박을 받아 손에 수갑을 차고도 계속적으로 증거하는 내용은 예수님의 부활 사실이었다. 그것은 그의 증거하는 진리가 너무도 참되고 명백하기 때문이었다. 성경 66권을 모두 다 암송하였다는 파스칼(Pascal)은 예언 성취의 사건은 믿을 만하다고 말하였다. 그리스도의 초림에 대한 많은 예언들이 그의 죽으심과 부활하심으로 말미암아 다 이루어졌다.

62

바울의 확신

◆ 행 26:24-29 ◆

바울의 확신은 그의 재판정 설교에서 "내 말을 듣는 모든 사람도 나와 같이 되기를 하나님께 원하노이다"라고 한 말이 보여 준다(29절).

1. 바울의 확신은 예수님의 음성을 들음에서 왔음

극도로 반대하던 자가 그 반대하던 내용을 변호하며 전파한다는 것은 새로운 세계에 대하여 확신을 얻은 증거이다. 바울의 확신은 다메섹 도상에 돌연히 나타난 객관적 사태 때문이었다. 그는 이때까지 본 적이 없는 해보다 더 밝은 빛과 또 공중에서 들린 예수님의 음성 때문에 확신을 얻었다. 이것은 새로운 존재와 생명의 계시(啓示)였다. 그는 주님의 부활을 체험하였다. 이 계시는 어디까지나 객관적이었다. 그 빛은 바울만 아니라 함께 가던 사람들도 보았고 함께 엎드러졌다. 이와 같은 현상은 주관적 심리의 산물일 수 없다.

그때에 들려온 음성은 그리스도의 복음(부활 전파의 메시지)의 성격을 밝혀주었다. 그것은 "가시채를 뒷발질하기가 네게 고생이니라"고 한 말씀이다(14절). 복음을 반대하거나 대적하는 자들 중에는 복음의 내용을 바로 알지 못하는 까닭에 그리하는 자들이 적지 않다. 복음은 모든 좋은 것들을 내포하고 있다. 복음은 참되고 영원하다. 그러므로 가장 잘 믿는 신자라 할지라도 이 세상에서는 그 내용을 전부 파악하지는 못한다.

현대 기독교의 위태한 사상 경향은 기독교 복음을 적대하는 사상, 곧 유물주의(唯物主義)와 타협하고 있는 사실이다. 그러나 바울은, 그 사상과 인격이 180도로 바뀌어져 타협하지 않았다.

2. 바울의 확신은 예수 그리스도 자신에만 집중되었음

미친 듯 하다는 것은 한 가지만 생각하고 행함이다. 그는 다른 것은 모두 생각하지 않을뿐더러 도리어 그것들을 배설물처럼 여겼다(빌 3:7-9). 그는 하나님의 예언 성취를 확신하였다. 파스칼은 말하기를, 성경의 많은 예언이 한 가지로(예수에게서) 성취된 것은 우리에게 믿음을 준다고 하였다. 사도들은 예언 성취를 그 신앙의 중요한 근거로 삼았으니, 곧, 신약성경에 구약 예언을 무수히 언급하면서 그 예언들이 예수 그리스도로 말미암아 성취되었음을 밝혔다. 그들은 성경의 만전 영감(萬全靈感)을 체험적으로 믿었고, 그대로 순종하지 않을 수 없었다. 우리는 야심(혹은 대망)으로 살지 말고 영감(靈感)으로 살아야 한다.

영감에 사로잡힌 바울의 생활은 ① 십자가만을 자랑했으며(고전 1:23; 2:2), ② 오직 주님의 영광 중심으로 행하였고(빌 1:20; 고후 5:9), ③ 다른 성도들의 유익을 구하였으며(빌 1:23-24), ④ 참으로 복 받는 비결을 알고 그대로 실천하였던 것이다(행 20:35).

63

광인(狂人)으로 불리운 자의 좌표

◆ 행 26:24-29 ◆

사도 바울은 로마로 압송되기 전에 아그립바 왕과 베스도 총독 앞에서 재판을 받게 되었다. 베스도는 바울의 길고 자세한 말을 들은 후에 그를 향하여 말하기를 "네 많은 학문이 너를 미치게 한다"고 하였다. 그때에 바울은 대답하기를 "내가 미친 것이 아니요 참되고 정신 차린 말을 하나이다"라고 하였다(25절).

1. 많은 학문이 사람을 미치게 하는가?

많은 학문이 사람을 미치게 한다는 것은 베스도 총독의 발언이었다. 그러나 그 말은 전혀 근거 없는 것은 아니다. 우리는 가야바의 예언에서도 그것을 알 수 있다. 그는 예수를 핍박하는 사람이었으나 무의식적으로 그리스도의 속죄 사업을 예언한 적이 있었다. 곧 "한 사람이 백성을 위하여 죽어서 온 민족이 망하지 않게 되는 것이 너희에게 유익한 줄을 생각지 아니하는도다"(요 11:50)라고 하였다. 가야바의 무심코 한 그 말이 진리였던 것과 마찬가지로 베스도의 발언도 진리에 속한다고 할 수 있다. 과연 하나님을 모르고 이 세상 지식만 위주하는 자들은 헛된 일을 하는 미친 자라고 할 수 있다. 솔로몬은 사람이 지식으로써는 문제를 참으로 해결할 수 없다는 의미로 말하기를 "구부러진 것을 곧게 할 수 없고 이지러진 것을 셀 수 없도다"(전 1:15)라고 하면서 결론하기를 "내가 다시 지혜를 알고자 하며 미친 것과 미련한 것을 알고자 하여 마음을 썼으나 이것도 바람을 잡으려는 것인 줄 깨달았도다"(전 1:17)라고 하였다. 그렇지만 사람들이 아직까지도 과학 만능을 부르짖으니 그것은 허황된 일이다. 이같이 터무니없는 것을 주장하는 것이 바로 미친 것이다.

우리는 지식으로 모든 문제를 해결할 수 있다는 어리석은 생각을 가지지 않아야 된다. 철학사(哲學史)는 고민의 역사가 될 뿐이다. 뿐만 아니라 자연계는 언제든지 평균 작용으로 문제에 대한 궁극적 해결을 가져오지 못하게 만든다. 사람이 아는 것이 많을수록 모르는 것도 그만큼 많아진다.

뿐만 아니라 사람이 무엇을 알게 되면 그에게 교만이 생기는 것도 사실이다. 고전 8:1에 말하기를 "지식은 교만하게 하며 사랑은 덕을 세우나니"라고 하였다. 교만은 언제나 지혜가 아니고 어두움에 속한다. 물론 우리가 이 점에 있어서 명심할 것은 우리로서 지식을 무시해서는 될 수 없다. 다만 하나님을 제외하고 지식이면 다 되는 줄로 아는 그릇된 주장을 버려야 된다는 것이다.

2. 바울은 정신 차린 사람이었음

바울은 말하기를 "베스도 각하여 내가 미친 것이 아니요 참되고 정신 차린 말을 하나이다"(25절)라고 하였다. 바울이 이와 같이 주장하는 이유는, 그가 예언 성취의 사실을 믿고 또 증거하기 때문이었다. 그는 그리스도의 부활이 예언 성취의 사실임을 굳게 믿었던 것이다. 이런 의미에서 그는 말하기를 "아그립바 왕이여 선지자를 믿으시나이까 믿으시는 줄 아나이다"(27절)라고 하였다. 신약은 예언 성취의 사실을 최고의 진리라고 전하고 있다. 신약 저자들은, 그리스도의 복음과 관련된 사건들을 소개한 뒤에는 그것에 대한 확증으로 그것이 예언 성취인 사실을 말해 준다. 우리는 예언 성취의 사건이 인간적 수준의 진리가 아니고 신적(神的)인 극치(極致)의 진리임을 믿어야 된다. 캐논 리돈에 의하면 그리스도에게서 성취된 예언만 해도 332개라고 한다.

예언 성취에 있어서 우리가 특별히 놀랄 만한 것은 그것이 자세하게 이루어지는 점이다. 애굽의 경우를 들어 말한다 하더라도 하나님께서 그 나라에 대하여는 특별히 자세하게 예언하셨는데, 예를 들면 그 나라는 외국인이 다스린다는 것이다(겔 30:12-15). 이 말씀은 후에 그대로 이루어져서 바벨론, 페르시아, 헬라, 로마, 아랍, 터키, 프랑스, 영국 등의 지배를 받아왔던 것이다.

로마서

64

하나님을 대하여 산 자의 생활

◆ 롬 6:10-11 ◆

예수님의 부활은 기독교의 총요점이라고 할 수 있다. 바울도 예수님의 죽음과 부활, 두 가지만 전한 셈이다.

1. 증거 운동

그리스도께서 부활하셔서 40일 동안 하신 일은 그의 부활에 대한 증거운동 밖에 없었다. 그가 40일 동안 이 세상에 계시면서 제자들에게 부활하신 그의 몸을 보여주신 것은, 장기간의 계시운동(啓示運動)이라고 할 수 있다. 그러므로 행 1:3에 말하기를 "해 받으신 후에 또한 저희에게 확실한 많은 증거로 친히 사심을 나타내사 사십 일 동안 저희에게 보이시며 하나님 나라의 일을 말씀하시니라"고 하였다. 여기 "확실한 많은 증거"란 말씀은 중요하다. 과연 주님께서 이와 같이 계속적으로 그의 부활을 증거해 주셨기 때문에 그의 제자들도 마침내 확신케 되었다. 제자들이 처음에는 믿지 않으려고 한 것이 사실이다(참조, 막 16:11). 눅 24:11에 "사도들은 저희 말이 허탄한 듯이 뵈어 믿지 아니"하였다고 한다. 그러므로 예수님께서 그들에게 여러 번 나타나셔서 그들로 하여금 기어코 믿도록 만드셨다.

우리 신자들은 부활하신 예수님의 생활 태도를 본받아 역시 복음을 증거하는 데 주력해야 된다. 그것이 참으로 사는 운동이다.

2. 신령한 생활

다시 사신 예수님의 몸을 "신령한 몸"(고전 15:44)이라고도 하였고, 또한 "하늘에 속한 자"(고전 15:49)라고도 하였다. 그리스도의 부활을 믿는 자들은 신령한 생활, 곧 하늘의 생활을 날마다 이루어 나아가야 한다. 이런 생활은 오직 신령한 하나님의 말씀으로 힘을 얻어서만 이루어질 수 있다. 신령한 하나님의 말씀은 전도자의 입을 통하여 전파되는 하나님의 말씀이다. 그것은 그리스도께서 죽었다가 다시 살아나시므로 생겨난 결과이다.

우리는 이 점에 있어서, 요한 칼빈(John Calvin)의 사상을 명심하는 것이 필요하다. 그는 하나님의 말씀, 특별히 설교를 통하여 전파되는 말씀은 우리에게 성령으로 말미암아 구속(救贖)의 은혜를 끼치는 도구(道具)라고 하였다. 또한 그는 설교의 말씀을 통하여 성령의 역사가 임한다고 많이 강조하였다. 곧 "하나님의 말씀이 설교를 통하여 나타날 때에는 하나님께서 그 듣는 자들에게 내려오시는 것과 같은 접촉이 이루어진다."라고 하였고(그의 출애굽기 주석 14:31의 해석 참조), 또 "하나님의 말씀 설교는 우리를 출생시키는 어머니"라고 하였다(그의 고린도 후서 주석 10:5의 해석 참조). 우리는 이 점에 있어서 칼빈과 일치한다. 우리가 이 땅에 살면서도 하늘의 생명을 받는 기회는 설교를 듣는 시간이다.

3. 하나님을 섬기는 생활

예수님으로 말미암아 죄 사함을 받았고, 예수님으로 말미암아 구원을 얻었으니(다시 말하면 살았으니), 그는 이제부터 하나님만 섬겨야 된다. 하나님을 섬긴다는 것은 하나님만 기쁘시게 하기 위하여 행하며 또는 희생함을 가리킨다. 하나님을 섬긴다고 하면서 사람의 칭찬을 원하는 것은 도리어 죄만 짓는 행동이다. 그러므로 예수님께서 눅 16:15에 말씀하시기를 "너희는 사람 앞에서 스스로 옳다 하는 자이나 너희 마음을 하나님께서 아시나니 사람 중에 높임을 받는 그것은 하나님 앞에 미움을 받는 것이니라"고 하셨다. 그는 또 말씀하시기를 "너는 구제할 때에 오른손의 하는 것을 왼손이 모르게 하여"(마 6:3)라고 하셨다. 하나님을 참되이 섬긴 성도들은 모두 다 사람들이 모르게 큰 희생과 수고를 하였다. 아프리카의 어떤 선교사는 불쌍한 영혼들을 구원하기 위하여 전도할 때에 30번이나 열병을 앓았고, 또 물소와 사자들에게 공격을 당한 일도 있었고, 토인들에게 습격을 당한 일도 있었고, 어떤 때에는 먹을 것이 없어서 개미와 물소고기를 먹었다. 그는 그렇게 남 모르는 고생을 하면서도 하나님께서 알아주시는 것으로 만족하고 모든 고생을 기쁨으로 당하였다. 개도 주인을 위하여 충성하는 일이 있다. 어떤 개는 그 주인 선교사를 따라 가다가 큰 뱀이 선교사를 물려고 일어섰을 때에 그 뱀의 목을 물고 있다가 그 뱀에게 감기워 죽고 말았다.

65

믿음에 대하여

◆ 롬 10:9-17 ◆

기독교는 하나님을 믿는 것을 위주한다. 하나님은 우리의 외모를 보시지 않고 우리의 믿음을 보시고 기뻐하신다. 예수님은 그에게 찾아온 두 소경의 눈을 만지시며 하신 말씀이 "너희 믿음대로 되라" 하셨고(마 9:29), 열두 해를 혈루증으로 앓던 여자를 향하여서는 "딸아 안심하라 네 믿음이 너를 구원하였다"(마 9:22)라고 하셨다.

이 세상에서는 우리가 하나님 보기를 위주하면 안된다. 예수님을 보지 못하나 사랑하며(벧전 1:8), 보지 못하나 바라보는 것이(히 11:1-3) 믿음의 본색이다. 하나님을 보지 못하고도 믿는 것이, 오히려 하나님을 높이는 덕(德)까지 겸한 심리이다. 하나님을 보는 것은 우리가 세상을 떠날 때에 되는 일이니, 그때가 이르기도 전에 이 세상에서 그를 본다는 것은 상칙(常則)이 아니다. 하나님 자신이 우리에게 자기를 보여 주시기를 원치 않으신다. 그러므로 우리는 이 세상에서는 그를 믿는 것으로 만족해야 된다. 그러면 우리에게 믿음은 어떻게 생기는가?

1. 믿음은 들음에서 남(17절)

신앙은 권위자(權威者)의 증언(證言)을 따라가는 것이다. 그것은 길을 모르는 나그네가 안내자의 인도로 안전 보장을 받고 따라가는 것과 같다. 풀러(A.Fuller) 목사가 말을 타고 설교하러 가는데 비가 많이 왔다. 그 비로 시냇물이 넘쳐서 건너가기 어려워 보였다. 이때에 한 농부가 그에게 말하기를, 과히 깊지 않으니 건너가라고 하였다. 훌러 목사는 그 말을 믿고 물 가운데로 들어갔다. 그런데 점점 깊어지며 물이 말의 배까지 닿으므로 그는 겁내어 되돌아서려 했더니, 농부가 또 다시 말하기를 "그 이상 더 깊지 않으니 걱정 말고 건너가라"고 하므로 그는 그 말을 믿고 무사히 건너갔다. 그와 같이, 그리스도의 말씀(성경)은 우리를 하나님께로 인도하는 안내자이다. 우리가 들어야 할 것은 그리스도의 말씀이다(17절).

사람들은 무슨 일에나 권위를 찾는다. 그리고 그들은 권위자의 말이라면 믿기로 작정하고 꺼리지 않는다. 옛날 편작이란 중국 의사는 의학계의 권위자였다. 그는 환자의 말소리만 듣고도 그 사람에게 무슨 병이 있는지 알았다고 한다. 그러나 그는 사람의 병을 진단하는 데 있어서 권위자가 되었을 뿐이고 하나님을 알지 못하였다. 이 세상의 소위 권위자들은 모두 다 그런 종류의 것이다. 한 방면에 특별한 것이 있는 것 같으나, 다른 방면에는 아는 바 없다. 그러나 그리스도는 만물을 주장하시며 우리에게 하나님을 알게 하여 주시는 권위자이시다(마 28:18; 요 3:35). 그러면서도 그 말씀은 이 세상을 중심한 것이 아니고 하나님 나라를 중심한 것이니, 무엇보다도 진실성이 그의 특징이다(요 8:46). "그리스도의 말씀으로 말미암는다"는 뜻은 그 이름 권세로 말씀 전파의 효과가 나게 함을 가리키기도 한다(눅 24:47; 행 4:10-12; 10:43; 고전 6:11). 그리스도의 말씀을 전파하는 곳에 그리스도께서 함께 하신다(마 28:19-20).

2. 그리스도의 말씀은 어떻게 듣게 되는가?

그것은 하나님께서 사람을 세워서 그리스도의 말씀을 외치도록 하시므로 되어진다. 사람이 타락하면 짐승만도 못하게 되지만, 하나님의 장중에 붙들리면 천사보다 우수한 일을 하게 된다. 그것은 복음을 전파하는 일이다(벧전 1:12). 하나님께서 복음을 전함에 있어서 천사보다 사람을 택하여 쓰신다. 수천 년 동안 기독교의 회개운동은 사람을 세워서 사역하시는 하나님의 일이다. 사람은 하나님의 형상으로 지음 받았기 때문에, 그가 하나님의 은혜를 받아 바로 행하면 하나님의 형상을 반영시킨다. 그가 그리스도의 말씀을 외칠 때에 더욱 그러하다.

66
주님을 섬김에 대하여
◆ 롬 12:11 ◆

목적 없는 인생은 존재의 의의(意義)를 가지지 못한다. 따라서 그에게는 참된 기쁨이 있을 수 없다. 우리는 살기 위하여 사는 것이 아니고 주님을 섬기기 위하여 산다. 사명은 생명보다 귀하다. 주님을 섬김이 우리의 사명이다. 자기 자신을 섬기는 자는 평생 폭군 밑에서 고생하는 자와 마찬가지이다. 그 이유는 자아(自我)라는 것이 늘 자기만 위해 주기를 바라기 때문이다. 그리고 악마를 섬기는 자는 영원히 그 악한 자와 같이 있게 된다. 그러나 주님을 섬기는 자는 하나님이 계신 곳에 영원히 있다. 요 12:26에 그리스도께서 말씀하시기를 "나 있는 곳에 나를 섬기는 자도 거기 있으리니"라고 하셨다.

1. 부지런해야 주님을 섬김

기독신자는 남을 내 몸 같이 사랑해야 되며, 원수도 사랑해야 된다. 특별히 복음을 증거하는 데 있어서는 때를 얻든지 못 얻든지 전파해야 되며 듣든지 말든지 말씀을 전파해야 된다(딤후 4:2). 우리의 원수 마귀는 두루 다니며 삼킬 자를 찾는다(벧전 5:8). 그러니 마귀를 대항하여 싸우는 전쟁에 있어서는 무장 해제할 날이 하루도 없다. 우리의 할 일은 이와 같이 많고 크기 때문에 아무리 잘하였어도 그 충성은 적은 일에 충성한 것 밖에 되지 못한다(마 25:21).

그런데 우리는 이런 많은 일을 하면서도 그것이 하나님의 일인 만큼 죽음도 문제시하지 않을 만큼 사명감으로 해야 한다. 이 점에 있어서 우리는 예수님을 본받아야 한다. 그는 음식 잡수실 겨를도 없으셨다(막 3:20). 그리고 그는 어떤 어려운 때에라도 사명 수행에 동요가 없으셨다. 어떤 바리새인이 예수님에게 말하기를 "나가서 여기를 떠나소서 헤롯이 당신을 죽이고자 하나이다"라고 하였다. 그때에 그는 말씀하시기를 "가서 저 여우에게 이르되 오늘과 내일 내가 귀신을 쫓아내며 병을 낫게 하다가 제 삼일에는 완전하여지리라 하라 그러나 오늘과 내일과 모레는 내가 갈 길을 가야 하리니"(눅 13:31-33)라고 하셨다. 예수님은 이와 같이 자기 사명을 꼭 실행하시려는 목적으로 부지런히 활동하셨다.

기독신자도 사명을 맡은 사람인 만큼 할 일이 너무 많다. 그는 땅 끝까지 이르러 증인이 되어야 한다. 그는 세상의 많은 죄악을 대항하여 싸워야 되고, 무엇보다도 자기 마음의 죄악으로 더불어 싸워야 된다. 자기 마음 속에 죄악을 묻어 두는 것은 도덕적 태만이다. 잠 16:32에 말하기를 "자기의 마음을 다스리는 자는 성을 빼앗는 자보다 나으니라"고 하였다. 그러므로 그는 부지런해야 된다. 롬 12:8에 말하기를

"다스리는 자는 부지런함으로"라고 한다. 우리가 뜰에 나는 잡초는 부지런히 베어 버리면서 우리 마음 속에 자라고 있는 가시나무와 잡초 같은 죄악은 그대로 길러 두니 이것이 바로 도덕적 태만이다. 성경은 이런 사람을 가리켜서 "좀 더 자자, 좀 더 졸자"(잠 6:10) 하는 게으른 자라고 한다.

우리는 많은 일을 맡았으니 시간을 잘 이용하여 힘써 일하며 열매를 맺어야 된다. 나의 신성중학교 시절에 심인곤 선생이 종종 말하기를 "부스러기 시간을 이용하라."고 하였다. 그 말씀이 아직도 귀에 쟁쟁하다. 우리는 어떤 일로 무엇을 기다리는 시간에도 기도를 하든지, 성경을 외우든지 하여 시간을 낭비하지 않도록 힘써야 되지 않을까? 주님의 사명은 부지런한 자가 이루기 때문에 사명을 감당하지 못한 자를 꾸짖으시는 주님의 말씀은 "악하고 게으른 종아"(마 25:26)라고 하신다.

2. 영열(靈熱)이 있어야 주님을 섬김

"열심을 품고 주를 섬기라"고 한 말씀에 있어서 "열심을 품고"란 말의 헬라어(τῷ πνεύματι ζέοντες)는 "끓는 심령으로"란 뜻이다. 그러면 끓는 심령의 소유자는 어떠한가? 심령이 끓는 사람은 자기가 받은 구속(救贖)의 은혜를 최고의 축복으로 알고 그 축복에 대한 감사와 감격에 넘치며, 그 축복을 남들에게 소개하려고 노력한다. 그는 그 일 때문에 찬송과 봉사에 뜨겁다. 사도 바울은 아그립바 왕과 베스도 총독과 그 신하들이 모인 자리에서 담대히 증거하기를 "오늘 내 말을 듣는 모든 사람도 다 이렇게 결박한 것 외에는 나와 같이 되기를 하나님께 원하노이다"(행 26:29)라고 하였다. 이와 같이 바울은 심령이 뜨거워 있었다. 방안에 혼자 앉아서 "하나님께 영광을 돌리라, 하나님께 영광을 돌리라!"라고 거듭거듭 크게 외친 토레이도 심령이 뜨거운 성도였고, 사도 바울을 향하여 "나를 주 믿는 자로 알거든 내 집에 들어와 유하라"(행 16:15)고 한 루디아도 심령이 뜨거운 성도였다. 엘리야를 섬기던 사르밧 과부가 죄감을 느꼈으니, 그것은 엘리야의 성결이 뜨거웠던 증거이다(왕상 17:18).

독일의 블룸하르트는 기도에 뜨거운 인물이었다. 아프리카의 타기(Tagi)란 성도는 하루도 개인 전도를 하지 않은 날이 없었다. 츠빙글리의 별세 소식을 받고 병이 나서 죽은 개혁자 외콜람파디우스(Johannes Oecolampadius)는 개혁 운동과 및 동역자를 귀히 여기는 마음으로 불 붙고 있던 성도였다. 일본 북해도에서 선교한 조지 피어슨 목사는 외국 선교에 불 붙어서 40년 선교 후 노퇴해서 본국(미국)에 돌아와 있으면서도 외국인 학생들을 돕는 데 열중하였다. 피츠버그의 화이트사이드(Whiteside)는 기도를 많이 한 결과로 온 세상 사람들을 불쌍히 여기게 되어 도무지 만난 적도 없는 민족들과 개인들을 위해서 평생 기도하였다고 한다. 우리는 지혜와 지식을 배우는 것으로 만족하지 말고 뜨거움으로 움직이는 능력을 받아야 된다(고전 12:7-11).

67

깨어라

◆ 롬 13:11-12 ◆

1. 깬다는 것은 무엇을 의미하는가?

사람이 이 세상에서 사는 동안 신앙으로 행하지 않은 것은 모두 다 헛된 것에 불과하다(전 1:2). 고전 16:13에 말하기를 "깨어 믿음에 굳게 서서 남자답게 강건하여라"고 하였다. 하나님께서 이 세상을 지으셨고 이 세상을 주장하시는데 하나님을 의지하지 않는 자는 얼마나 위태한 자리에 있는가? 그가 하나님의 말씀 권위를 무시하고 또 그의 능력을 떠나서 어떻게 살 것인가? 해가 동편에서 뜨는 사실을 막을 사람이 있겠는가? 우리 중에 "회개해야 산다"는 설교를 듣고 그대로 믿어 회개하는 사람은 깬 사람이다. 그러나 그 말을 듣고도 회개하지 않는 자는 아직도 잠을 깨지 못한 자이다. 그는 "회개하므로 산다는 말은 거짓말이라"고 말하는 자와 같다. 그야말로 그는 잠꼬대하는 자이다.

하나님을 떠나서도 살 수 있다고 생각하는 자는 술에 취하여 감각이 없어진 자와 같다. 잠 23:34-35은 이런 자를 가리켜 말하기를 "너는 바다 가운데 누운 자 같을 것이요 돛대 위에 누운 자 같을 것이며 네가 스스로 말하기를 사람이 나를 때려도 나는 아프지 아니하고 나를 상하게 하여도 내게 감각이 없도다 내가 언제나 깰까 다시 술을 찾겠다 하리라"고 하였다.

2. 깨어야 할 긴급한 이유

기독신자는 빛에 속하여 있기 때문에 때(時期)를 아는 밝음이 있다. 기러기는 가을에 우리나라에 왔다가 봄이 되면 날아간다. 새도 기후가 변할 것을 알고 살 수 있는 지방으로 옮겨간다. 그런데 사람으로서 시대를 모르고 살 수 있겠는가?

(1) 자기의 구원이 처음 믿을 때보다 가까웠음을 안다(11절). 구원이 처음 믿을 때보다 가까웠다 함은 무엇을 의미하는가? 기독신자의 시대 관념은 다른 사람들의 그것과 다르다. 그들이 예수 그리스도를 믿은 이후 10년을 지냈어도 많은 시간을 보낸 것이겠지만, 1년을 지냈어도 마찬가지이다. 그 이유는 그의 시간 관념은 영원을 목표한 것이기 때문이다. 그가 현세의 1분 동안에 잘하고 못하는 것이, 영원토록 복을 받는가 영원토록 화를 받는가의 중대한 관계를 가진 것이다. 그러므로 그는 시간을 생명같이 아낀다(엡 5:16). 그는 항상 앞날이 많지 않다고 생각하며, 임박해 온다고 생각한다. 그의 받은 일이 중요하고 또 크기 때문에 시간이 중요하여진 것이다. 그는 복음을 가지고 땅 끝까지 갈 책임을 지고 있다. 우리가 제한된 시간 안에 길 떠날 준비를 다 하고 열차를 타려면 그 출발 시간에 늦지 않으려고 1분도 중요하게 여

기지 않는가? 1분이란 시간이 부족하여서 그 열차를 타지 못하게 되는 수도 있다. 우리 기독신자들은 시간 문제에 있어서 이렇게 긴장되어 있어야 한다. 그들의 맡은 일(자신의 신앙생활과 남들의 신앙생활을 위한 무거운 책임)은 천하보다 더 귀하다. 그러므로 그들은 깨어 있어야 된다.

(2) 밤이 깊고 낮이 가까운고로 깨어야 한다. 밤이 깊다 함은 죄악이 팽창해 가는 것을 의미한다. 밤이 깊으면 낮이 가까운 것을 알 수 있다. 그러므로 기독신자는 세상이 악할수록 더 큰 결심을 가지고 영전(靈戰)을 해야 한다. 오늘날 우리는 전에 보지 못한 모든 죄악들을 보게 된다. 신앙의 원수들은 전보다 큰 세력을 가지고 우리에게 육박한다. 전염병이 돌 때에 우리는 더욱 위생을 지키지 않으랴? 세상이 부패한 때에 신앙생활을 힘쓰는 자들은 외롭고 핍박을 받기도 한다. 그러나 그들이 하나님의 사랑을 받는다. 노아는 부패한 시대에 120년 동안 회개를 외치느라고 많이 고생하였다. 그 반면에 하나님의 사랑과 구원은 그와 그의 가족들이 받았다(벧전 3:20; 벧후 2:5).

68

덕(德)을 세움에 대하여

◆ 롬 15:1-2 ◆

고전 14장에는 교회에 덕(德)을 세우라는 말이 일곱 번(3, 4, 5, 12, 17, 26절) 나온다. 이 말은 헬라원어로 오이코도메오(οἰκοδομέω)니 "집을 짓는다"는 뜻이다. 그러면 교회에 집을 짓는다는 뜻은 무슨 뜻인가?

1. 모든 무거운 것을 터 위에 내려 놓음으로 이루어짐

곧, 건축의 모든 재료 되는 신자들이 그 모든 무거운 짐짝들 곧, 근심과 걱정들을 교회의 터가 되시는 그리스도에게 맡기는 것을 의미한다. 그것은 마치 건물의 기둥도 그 자체의 무게를 그 기초에 내려 맡기는 것과 마찬가지이다. 석가래도 마찬가지요, 들보, 벽, 창문들도 마찬가지로 기초에 내려 맡기고 있다. 모든 신자들은 주님을 이와 같이 믿는 것이 모든 믿는 일 중에 제일 안전한 것이다. 그러므로 신자는 주님이 믿어질 때에 믿을 뿐 아니라, 의심이 날 때에도 더욱 믿어야 된다. 그 이유는 의심은 마귀에게서 오기 때문이다. 우리가 못 믿는다는 것은 자살 행위이다. 우리는 무엇이 마귀의 일임을 확실히 알 때에 그것을 힘껏 반대해야 한다. 우리가 마귀의 원하는 것을 파괴하는 것은 사는 일이고, 마귀의 유혹을 따라서 의심하는 것은 자살 행위이다.

뿐만 아니라, 우리가 믿으려고 애를 써도 안되어질 때에 더욱 잘 믿을 기회가 된다. 그 이유는 그런 때에 비로소 우리 자신의 마음이 만물보다 거짓되고 부패한 줄 알고(렘 17:9) 생각하기를 "주여, 나는 할 수 없습니다. 주님만 바라봅니다."라고 할 수 있기 때문이다. "주여, 나는 할 수 없습니다. 나는 주님만 바라봅니다."라고 하는 것이 과연 믿음의 고백이다. 이 점에 있어서 우리가 한 두 가지 생각할 것이 있다. 곧, 믿음에 방해되는 것 두 가지를 생각해야 한다.

(1) 생활의 복잡성. 우리의 생활이 복잡할 때에 우리의 마음은 갈라지기 쉽다. 따라서 주님을 믿는다고 하지만, 여러 갈래로 갈라진 마음의 한 부분으로 주님을 믿는다고 하기 쉽다. 그러나 주님은 갈라진 마음의 한 조각을 원치 않으신다. 바울도 고린도 교회 교인들에게 말하기를 "분요함이 없이 주를 섬기게 하려 함"이라고 하였다. 확실히 복잡성(분요함)은 우리의 마음을 갈리게 만든다. 주님은 갈라진 마음을 원치 않으신다. 그는 온전한 제물을 원하신다. 그러나 마귀는 우리에게 대하여 도적이기 때문에 갈라진 마음의 한 조각이라도 원한다.

이는 마치, 솔로몬 왕 때에 갓난아이를 가운데 놓고 서로 자기의 아이라고 하는 분쟁에 나타난 결과와 같다. 곧, 왕상 3:16-28을 보면 두 여인이 한 방에서 각각 갓난아이를 품고 잤는데 한 아이가 밤에 죽었다. 두 여인이 왕에게 가서 고소하기를 "나와 이 계집이 한 집에서 사는데 내가 저와 함께 집에 있으며 아이를 낳았더니 나의 해산한 지 삼 일에 이 계집도 해산하고 우리가 함께 있었고 우리 둘 외에는 집에 다른 사람이 없었나이다 그런데 밤에 저 계집이 그 아들 위에 누우므로 그 아들이 죽으니 저가 밤중에 일어나서 계집종 나의 잠든 사이에 내 아들을 내 곁에서 가져다가 자기의 품에 누이고 자기의 죽은 아들을 내 품에 뉘었나이다"라고 하였다. 두 여인이 산 아들을 서로 자기의 아들이라고 하므로 솔로몬 왕은 신하더러 칼을 가져오라고 하였다. 칼을 가져오니 말하기를 "산 아들을 둘로 나눠 반은 이에게 주고 반은 저에게 주라"고 명하였다. 이때에 그 아이의 어머니는 그 아들을 위하여 마음이 불붙는 것 같아서 왕께 말하기를 "내 산 아들을 저에게 주시고 아무쪼록 죽이지 마옵소서" 하였으나, 다른 여인은 말하기를 "내 것도 되게 말고 네 것도 되게 말고 나누게 하라"고 하였다.

(2) 인정(人情). 신앙을 방해하는 또 한 가지는 인정이다. 인정 때문에 얼마나 많은 사람이 신앙을 팔아먹는가? 이것을 아시는 주님께서는 신앙생활에는 인정을 앞세우지 말라는 의미에서 다짐하시기를 "무릇 내게 오는 자가 자기 부모와 처자와 형제와 자매와 및 자기 목숨까지 미워하지 아니하면 능히 나의 제자가 되지 못하고"(눅 14:26)라고 하셨고, 또한 마 10:37에는 "아비나 어미를 나보다 더 사랑하는 자는 내게 합당치 아니하고 아들이나 딸을 나보다 더 사랑하는 자도 내게 합당치 아니하고"라고 하셨다. 신앙의 조상 아브라함은 인정을 초월하여 하나님을 순종하였으니(창 22장), 그것이 신앙에 있어서 불가결의 요

소가 되는 것이다.

어거스틴의 어머니 모니카는 그의 아들 어거스틴의 방탕한 생활을 걱정하여 많은 눈물로 기도하였다. 하루는 어거스틴이 어머니의 간섭을 받기 싫어서 먼 곳으로 떠나려고 하였다. 그때에 그 어머니는 자기 아들이 자기의 품안에 있으면 바로 될까 하여 기어코라도 가지 말라고 하였다. 그것은 얼른 보면 잘한 일 같으나 인정의 테두리에서 벗어나지 못한 사고방식이다. 자식이 반드시 내 슬하에 있어야만 잘될 것이라고 믿는 것은 인력(人力)으로 사람을 만들어 보려는 불신앙이요 또한 인정이었다. 그러나 어거스틴은 그 어머니의 만류함을 뿌리치고 멀리 멀리 로마의 밀라노(Millan)란 곳으로 가서 외롭게 지내던 중, 하나님의 음성을 듣고 회개하고 주님께로 돌아왔다.

2. 상부상조(相扶相助)로 이루어짐

(1) 성경이 말하는 대로 교회의 부패는 한 사람의 부패 때문에 생기는 경우가 많다. 실로 죄악은 누룩과 같아서 쉽사리 퍼진다. 고전 5:6에 "적은 누룩이 온 덩어리에 퍼지는 것을 알지 못하느냐"라고 하였다. 그러므로 신자는 각기 자기의 죄악을 버리므로 주님의 몸된 교회를 돕는다. 교회에 속하여 있으면서 진리대로 살지 아니하면 교회를 세상에 오해받도록 하여 전도를 막는다. 이것은 말로써 전도를 막는 것보다 더욱 적극적으로 전도를 막는 것이 된다. 그런 사람은 크게 외치면서 예수를 믿지 말라고 하며 돌아다니는 자보다 전도를 막는 데

있어서 유력하다. 그러므로 우리는 자신의 죄악을 사정없이 끊어야 교회의 부패를 막아 협력하는 자가 된다.

여호수아 2장에 기록된 기생 라합을 생각하여 보자. 그는 비천한 기생의 처지에서 생활하였으나 여호와 하나님의 승전하시는 소문을 듣고 마음이 변화되어 모험적으로 자기 생활을 청산하고 하나님 편에 가담했다. 그가 이스라엘의 정탐군을 숨겨준 것은 결사적인 처사였다. 회개는 이와 같은 것이다. 생명을 걸어놓고 악한 성질이나 습관을 청산하는 것이 회개이다. 어떤 사람은 말하기를 "습관은 제2천성이라고 한 것과 같이, 죄를 범치 않으려고 해도 어느새 실수하여 범죄케 되니 별 도리가 없다."고 한다. 그러나 이것을 기억하자! 곧, 그런 천성과 같이 되어진 죄를 끊기 위하여 결사적으로 기도하자. 그때에 우리는 하나님의 힘으로 죄를 끊을 수 있다.

(2) 나의 장점으로 남을 돕자. 사람들은 흔히 자기에게 장점이 있으면 그것을 가지고 남을 돕지 않고 자기만을 위한다. 그것이 큰 죄악이다. 하나님께서 인간에게 장점을 주실 때에는 그것을 가지고 남을 도와 주라는 것이다. 그럼에도 불구하고 그것을 가지고 자기만 위하니 하나님의 법을 어긴 것이 아닌가? 이것이 큰 죄악이라는 것이 어찌 과장이랴? 롬 15:1-2에 말하기를 "우리 강한 자가 마땅히 연약한 자의 약점을 담당하고 자기를 기쁘게 하지 아니할 것이라 우리 각 사람이 이웃을 기쁘게 하되 선을 이루고 덕을 세우도록 할지니라"고 하였다. 내 장점을 가지고 남을 도와주지 않아서 남들이 죽는다면 그것도 살인

이다. 그 이유는 하나님이 나에게 장점을 주실 때에는 남을 도와주므로 그에게 유익을 주게 하시기 위함인데 내가 그것을 가지고 남을 돕지 않으므로 그들이 죽었다면 이것이 간접적 살인이 아니겠는가? 간접적 살인도 살인죄이다. 이것도 역시 제6계명에 저촉된다.

    남을 도와주는 길은 여러 가지가 있다. 영국의 어떤 여인은 발이 불구이어서 자유롭게 걸어다닐 수 없었다. 그는 교인 심방이나 기타 봉사를 하지 못하여 유감스럽게 생각하던 중 한 가지 방법을 얻어 봉사하였다. 곧, 그는 자기 집에 있는 전화를 이용하여 교인들 가정마다 문안하여 목사님께 보고하고, 또 교회의 심방 계획 등을 교인들 가정에 연락하여 심방에 지장이 없도록 도와주었다고 한다. 또 서울 어떤 교회에는 할머니 한 분이 매주일 주일학교에 나와서 주일학교 어린이들의 신발을 보관했다가 내어주는 봉사를 자원해서 했다고 한다. 그것이 적은 일이겠는가? 그 할머니는 자기의 최선을 다한 것이었다.

69

성경에 대하여

◆ 롬 15:1-4 ◆

우리는 이 말씀을 볼 때에 교회라는 단체를 위하여 성경이 기록된 것이니 만큼 그것이 우리 후대의 사람들을 직접적으로 상대하였다는 것을 알 수 있다. 그러므로 성경은 오늘날 나를 위하여 말씀하는 하나님의 말씀이다. 이점에 있어서 우리는 성경이 우리 각자, 곧 "나"를 위해 기록되었다는 사실도 강조해야 된다.

1. 우리는 우선 성경적 의의(意義)를 바로 알아야 은혜를 받음

이 말씀은 등불과 같이 우리에게 진리를 알려줄 뿐 아니라 생명의 역사를 하는 말씀이다. 바빙크(H. Bavinck)은 다음과 같이 말하였다. 곧 "사람의 말은 그것을 받는 사람과 그 말과의 시간적 혹은 공간적 거리에 따라서 효력의 다소(多少)가 좌우된다. 그러나 하나님의 말씀은 그렇지 않다. 하나님은 언제나 그 말씀과 함께 현림하여 계신다. 그는 언제나 그의 전지 전능의 능력을 가지시고 그 말씀과 함께 임하신다. 하나님의 말씀은 하나님 자신에게서 분리되어 있지 않으며 그리스도와 성령에게서도 분리되지 않는다. 하나님의 말씀은 하나님에게서 떠나서 독립되어 있는 것이 아니다. 성경 전체가 성령으로 영감되었고, 계속하여 성령으로 말미암아 보관되며 능력 있게 되는 것인 만큼 그 중에서 전파되는 부분적 말씀도 역시 그러하다."라고 하였다(*Gereformeerde Dogmatiek* Ⅳ, p.502).

바빙은 성경이 성경에 대하여 말하는 대로 다음과 같이 말하였다. 곧 "① 복음은 구원에 이르는 능력이요(롬 1:16; 고전 1:18; 2:4-5; 15:2; 엡 1:13), ② 생명 있고 영원히 있는 말씀이요(벧전 1:25), ③ 살았고 운동력이 있으며(히 4:12), ④ 영이며 또 살리는 것이요(요 6:63), ⑤ 어두운 데 비치는 빛이요(벧후 1:19), ⑥ 마음에 심는 씨(생명 있는 씨)요(마 13:18-19), ⑦ 좌우에 날선 이한 검이요(히 4:12), ⑧ 믿는 자들 속에 역사하는 말씀이라(살전 2:13)"고 하였다(*Gereformeerde Dogmatiek* Ⅳ, pp.501-502).

2. 우리는 성경 말씀대로 살아야 은혜를 풍성히 받음

성경을 우리에게 주신 하나님의 목적은 우리로 하여금 그대로 순종하여 살게 하려는 것이다. 듣기만 하는 자가 자기 자신을 속이는 자이다(약 1:22-24). 그것은 그가 자기로 하여금 듣기만 하면 되는 듯이 생각하여 세월을 보내도록 하기 때문이다. 우리는 ① 성경대로 행해야 그 말씀을 더 깊이 깨닫는다(요 7:17). 무디(Moody)는 말하기를 "순종은 진리를 배우는 학교"라고 하였다. ② 또 우리는 성경대로 살아야 하나님의 능력을 받는다. 하나님께서는 그의 말씀대로 사는 자를 참 신자로 인정하시며, 진실한 자로 여겨 상대해 주신다. 그는 외식자들에게는 보배로운 능력을 맡기지 않으신다(참조, 마 7:6).

70

덕을 세움에 대하여

◆ 롬 15:1-4 ◆

신자들이 사회 생활이나 교회생활에 있어서의 건덕(健德)은 참으로 중요하다. 믿음은 대인 관계(對人關係)에 있어서 마땅히 덕을 세워 나가야 하므로 벧후 1:5에는 말하기를 "너희 믿음에 덕을 … 공급하라"고 하였다.

1. 덕을 세우자

덕을 세운다는 말의 헬라어(οἰκοδομήν)의 의미는 집을 건축한다는 뜻이다. 이 말은 결국 건축 재료들이 서로 연결되어 있음과 같이, 신자가 참고 남의 약점을 담당하여 붙들어 줌으로 교회를 이루어감을 말한다. 남의 약점을 부담해 주는 자는 인내로 행한다. 교회를 주관하는 자들이나 일반 교우들에게 인내의 덕이 있으면 그 교회는 흥한다. 가정도 마찬가지이다. 잠 14:1에 말하기를 "무릇 지혜로운 여인은 그 집을 세우되 미련한 여인은 자기 손으로 그것을 허느니라"고 하였다. 집을 세우는 여인은 잘 참으며 사랑으로 행하는 자이다.

참는 덕이 귀한 중에도 분(忿)을 잘 참는 것은 더욱 귀하다. 엡 4:26에 해가 지도록 분을 품지 말라고 하였는데 그것은 분노는 그 시초에 묵살하라는 뜻이다. 잠 17:14에 말하기를 "다투는 시작은 방축에서 물이 새는 것 같은즉 싸움이 일어나기 전에 시비를 그칠 것이니라"고 하였다. 그런데 참는 것은 섬기는 정신을 가진 자만이 할 수 있다. 참는다는 말의 헬라어(ὑπομονή)의 뜻이 그것이다. 휘포모네(ὑπομονή)는 아래 머문다는 뜻인데, 우리가 억압을 당하고도 그 억압 밑에서 섬기려는 목적으로 견디는 것을 가리킨다. 섬기지 않고 대접만 받으려는 자는 온유와 인내를 외면한다. 가정에서도 주부가 섬기는 정신 없이는 여러 가지 괴로움을 잘 참을 수 없다.

2. 덕을 세우는 방법

3절에 말하기를 "그리스도께서 자기를 기쁘게 하지 아니하셨나니 기록된 바 주를 비방하는 자들의 비방이 내게 미쳤나이다"라고 하였다. 이 말씀은 그리스도께서 우리를 구원하시기 위하여 우리의 죄를 담당해 주신 것을 가리킨다. 건축의 원리를 생각해 볼 때에 건축 재료들은 그 중량을 전부 밑에 있는 기초에 부린다. 이것은 우리 신자들이 맡은 모든 짐을 그리스도에게 맡기는 믿음을 비유한다. 우리는 우리의 짐을 주님께 맡기고 마음을 편히 가져야 한다. (1) 우리가 주님을 믿으려고 해도 믿어지지 않을 때에 그를 믿어야 한다. 주님을 믿지 못하는 나의 심리가 악한 심리(렘 7:9)인 줄 알 때에 나는 더욱 그를 믿어야 한다. (2) 우리는 우리의 기도가 응답되지 않아도 그를 믿어야 된다. 하나님께서 우리의 소원을 모두 다 들어주시지는 않는다. 그 이유는 우리가 자연법에서 오는 고통을 반드시 다 면하는 것은 아니기 때문이다.

중세기의 핍박 때에 어떤 여신도(女信徒) 한 사람이 신앙문제로 감옥에 갇혀 있으면서 해산하게 되었다. 너무 심하게 산고를 당하므로 어떤 사람이 그에게 말하기를 "당신이 해산의 고통도 못견디면서 어떻게 불에 태우는 순교를 할 수 있겠습니까?" 하였다. 그때에 그 여인은 대답하기를 "자연계의 고통은 내가 견디기 어려워도 그리스도의 지체(肢體)로서 고난을 당할 때엔 그리스도께서 감당케 해 주십니다."라고 말하였다. 그 후에 그는 순교하면서 기쁨으로 감당하였다고 한다. 또 어떤 성도는 불에 태우는 순교를 내일로 앞두고 한 번 시험삼아 불에 자기 발을 대어 보았다. 그랬더니 뜨거워 견딜 수 없었다. 그러나 그 다음날에 그는 불 가운데서 태워지는 고통도 담대히 견디었다고 한다.

바울도 자기 기도가 응답되지 않을 때에 낙심하지 않고 믿었다. 고후 12:7-9에 말하기를 "여러 계시를 받은 것이 지극히 크므로 너무 자고하지 않게 하시려고 내 육체에 가시 곧 사단의 사자를 주셨으니 이는 나를 쳐서 너무 자고하지 않게 하려 하심이니라 이것이 내게서 떠나기 위하여 내가 세 번 주께 간구하였더니 내게 이르시기를 내 은혜가 네게 족하도다 이는 내 능력이 약한 데서 온전하여짐이라 하신지라 이러므로 도리어 크게 기뻐함으로 나의 여러 약한 것들에 대하여 자랑하리니 이는 그리스도의 능력으로 내게 머물게 하려 함이라"고 하였다. 사드락, 메삭, 아벳느고는, 그들이 금 신상에게 절하지 않을 경우 그들을 풀무불 가운데 던지겠다는 느부갓네살 왕에게 대답하기를 "만일 그럴 것이면 왕이여 우리가 섬기는 우리 하나님이 우리를 극렬히 타는 풀무 가운데서 능히 건져 내시겠고 왕의 손에서도 건져내시리이다 그리 아니하실지라도 왕이여 우리가 왕의 신들을 섬기지도 아니하고 왕의 세우신 금 신상에게 절하지도 아니할 줄을 아옵소서"(단 3:17-18)라고 하였다. 그들이 이와 같이 결심한 것은 주님께 전적으로 헌신한 태도이다.

주님께서 나를 도와주시는가 보자 하고 조건부로 주님께 몸을 바치는 것은 주님을 위함이 아니다. 주님이 우리를 도와주시지 않는다 하더라도 우리가 그를 믿고 요동하지 않음이 참다운 헌신이다. 우리가 그렇게 할 때에 하나님이 도와주시는 은혜도 받는다.

71
바울의 기도관
◆ 롬 15:30-33 ◆

사도 바울은 기도에 대하여 많이 가르치고 있다. 그 가운데 특별히 이 본문의 교훈은 매우 중요하다.

1. 기도에 서로 협력할 것

30절에 말하기를 "너희 기도에 나와 힘을 같이 하여 나를 위하여 하나님께 빌어"라고 하였다. 불과 불이 서로 합하면 더 맹렬하게 붙는 것처럼 기도도 여러 사람이 협력할 때에 더욱 유력하다. 그러므로 예수님은 말씀하시기를 "진실로 다시 너희에게 이르노니 너희 중에 두 사람이 땅에서 합심하여 무엇이든지 구하면 하늘에 계신 내 아버지께서 저희를 위하여 이루게 하시리라"(마 18:19)고 하셨다. 합심 기도에 있어서 바울은 모든 신자들더러 자기 자신을 위하여 기도하여 달라고 하였다(참조, 엡 6:19). 바울이 사도의 지위에서 일반 신자들을 위하여 기도하는 것은 물론 순조로운 일이다. 그러나 일반 신자들이 바울을 위하여 기도하여 준다는 것은 얼른 보면 순조롭지 않은 것 같다. 그러나 사람이 남을 위하여 기도할 때에 자기에게 있는 어떤 힘을 가지고 남을 돕는 것이 아니고, 하나님의 힘을 빌어서 남을 돕는 것이다. 그러니 만큼 그런 일은 일반 신자들도 할 수 있는 것이다.

그렇다면 히 7:7은 어떻게 해석될 것인가? 거기 말하기를 "폐일언하고 낮은 자가 높은 자에게 복 빎을 받느니라"고 하였다. 이 말씀을 보면 성직을 가지지 않은 일반 신자들은 성직자를 돕는 의미에서 그를 위하여 기도할 자격이 없는 것 같다. 그러나 여기 이른바 "복을 빈다"는 말은 기도를 의미하지 않고 직접 복을 준다는 의미와 같은 것이다. 직접 복을 주는 일은 일반 신자의 신분으로는 할 수 없고 그리스도를 대리한 멜기세덱과 같은 사람만이 할 수 있는 것이다. 히 7:7은 그런 권위 있는 축복 행위를 염두에 두고 말한 것이다.

그러나 일반적으로 기도하는 일은 누구나 할 수 있는 것이고 누구를 위해서든지 할 수 있는 것이다. 남을 위하여 기도하는 일에 있어서는 그 기도할 자의 자격을 물을 필요가 없다. 엘리야와 같은 하나님의 위대한 사자만이 큰 기도를 할 수 있는 것이 아니고 누구든지 할 수 있다. 야고보는 성도들에게 기도를 강조하면서 말하기를 "엘리야는 우리와 성정이 같은 사람이로되 저가 비 오지 않기를 간절히 기도한즉 삼 년 육 개월 동안 땅에 비가 아니오고 다시 기도한즉 하늘이 비를 주고 땅이 열매를 내었느니라"(약 5:17-18)고 하였다. 베드로가 사도로서 옥에 갇혔을 때에 교회의 직분을 받지 않은 모든 교우들이 그를 위하여 기도하였다. 행 12:5에 말하기를 "이에 베드로는 옥에 갇혔고 교회는 그를 위하여 간절히 하나님께 빌더라"고 하였다.

영계(靈界)에 있어서는 신자들이 서로 도와주어야 할 위치에 있다. 직분을 가진 자만이 신자들을 도와주는 일을 할 것이 아니고 평교인들도 성직자들을 도와줄 만한 영적 배경을 가지고 있다. 그 배경은 하나님과 그의 말씀이다. 성경학자 아볼로는 브리스길라와 아굴라에게 가르침을 받았다. 그렇게 성경에 능한 그가 여성도(女性徒) 브리스길라의 교훈을 받고 더욱 유력하게 일하였다(행 18:24-28).

2. 자기의 평안을 위하여 기도하여 달라고 함

그는 패역한 유대인들의 손에 죽지 않게 되기를 원하여 신자들의 기도를 요청하였다. 순교(殉敎)는 최고의 영광이지만 그것은 하나님께서 허락하시고 감당할 은혜를 주실 때에 가능하다. 바울 사도는 이때에 죽음을 당하지 않고 평탄한 가운데서 성도들을 만나 편히 쉬기를 원하였다. 순교도 하나님의 선물이지만 평안도 역시 그러하다. 딤전 2:2에 말하기를 "임금들과 높은 지위에 있는 모든 사람을 위하여 [기도]하라 이는 우리가 모든 경건과 단정한 중에 고요하고 평안한 생활을 하려 함이니라"고 하였다. 이때에 사도 바울이 고난을 구하지 않고 평안을 구한 것이 그의 약점처럼 보인다. 그는 왜 평안히 쉬기를 원하였던가? 그 평안도 하나님께서 주시는 것이니 구할 만하다.

하나님은 초자연을 주셨지만 자연도 주셨다. 그러므로 신자들이 고통을 면하려는 것은 자연스러운 일이다. 신자는 자연스러워야 하고 또 초자연스러워야 한다. 자연과 초자연은 함께 하나님의 수중에 있으니 신자는 하나님 안에서 이 둘을 누릴 줄 알아야 한다. 바울은 "하나님의 뜻을 좇아" 이루어지기를 소원하였으니, 그것은 하나님이 주시는 평안을 기대함이다.

72

교회 봉사의 의의(意義)와 그 방법

◆ 롬 16:1-4 ◆

바울은 주님의 복음을 위하여 수고한 성도들을 열거하면서 그들을 알아주며 도와주라고 한다. 주님의 교회를 위하여 수고하는 것은 귀한 일이다.

1. 교회 봉사의 의의(意義)

(1) 교회 봉사는 주님과 동행하는 비결임. 예수님께서 가장 귀히 여기시는 것은 교회이다. 그러므로 그는 교회의 일원(一員)을 대접하는 자에게 귀한 상을 약속하셨다(마 10:40-43). 그는 교회를 봉사하는 자를 지켜 보신다. 하나님도 교회를 사랑하신다. 행 20:28에 "하나님이 자기 피로 사신 교회"라고 하였고, 사 49:16에는 말하기를 "내가 너를 내 손바닥에 새겼고"라고 하였다.

(2) 교회 봉사는 축복 받는 비결임. 잠 11:25에 말하기를 "남을 윤택하게 하는 자는 윤택하여지리라"고 하였다. 행 20:35에는 말하기를 "주는 것이 받는 것보다 복이 있다"고 하였다. 주는 것은 하나님이 주

신 복된 성품이다. 하나님은 만물을 지어서 인류에게 주셨고 독생자까지 주셨다. 봉사는 헌신이니 헌신은 하나님께 내 생명을 보관시키는 방법이다. 사무엘 루더포드는 말하기를 "네가 십자가를 메면 짐이 되나 그 짐은 새에게 있어서 날개와 같은 것이다."라고 하였다.

2. 섬기는 방법

(1) 노력으로 섬김. 신앙은 노력한다. 그 이유는 신앙은 소망을 가지기 때문이다. 믿음으로 의를 얻는다는 진리는 사람들을 게으르게 만들려는 것이 아니다. 살아 계신 하나님을 믿는 자는 소망을 가지고 죄로 더불어 싸우며 죄악의 세계를 정복하려고 나선다. 신앙가 윌리엄 캐리(William Carey)는 말하기를 "큰 것을 기대하라 큰 일을 하려고 하라."(Expect great things; attempt great things)고 하였다. 그는 이 깨달음을 사 54:2-3의 말씀에서 받았다. 곧 "네 장막 터를 넓히며 네 처소의 휘장을 아끼지 말고 널리 펴되 너희 줄을 길게 하며 너의 말뚝을 견고히 할지어다 이는 네가 좌우로 퍼지매 네 자손은 열방을 얻으며 황폐한 성읍들로 사람 살 곳이 되게 할 것임이니라"고 한 말씀이다.

(2) 물질로 섬김. 우리가 물질을 하나님께 바침은 버리는 것이 아니다. 전 11:1에 "너는 네 식물을 물 위에 던지라 여러 날 후에 도로 찾으리라"고 하였다. 우리가 하나님께 바치는 것은 도로 받으려고만 할 것은 아니다. 물질 봉사도 우리의 예배이다. 예배는 우리의 가장 귀한 일인데 정성 드려서 해야 된다(참조, 빌 4:15-18).

(3) 기도로 섬김. 기도는 힘써야 되어진다. 하나님을 섬기는 자는 기도해야 된다. 사도들은 말하기를 "우리는 기도하는 것과 말씀 전하는 것을 전무하리라"(행 6:4)고 하였다. 일을 빙자하여 기도 시간을 감하지 말아야 한다. 기도가 잘 되어지지 않는 때에도 우리는 그 자리에서 일어나지 말고 계속 시간을 지켜 힘써 기도하여야 한다.

73

영적 은하수

◆ 롬 16:1-16 ◆

은하수는 알려지지 않은 별들이 빛나고 있는 성군(星群)이다. 그와 같이 초대 교회에서는 표면에 나타나서 다스린 직분보다 그 배후에서 은밀히 봉사하며 교회를 이룬 성도들이 많았다.

(1) 겐그레아 교회의 집사 뵈뵈. 바울 사도는 뵈뵈를 가리켜 말하기를 "여러 사람과 나의 보호자가 되었음이니라"고 하였다(2절 끝). "보호자"란 말(προστάτις)은 법률상으로 외국인을 담보해주는 것 같은 일을 하는 자이다. 겐그레아는 항구이니 만큼 많은 외국인들이 출입하였는데, 뵈뵈가 그들을 많이 도와준 듯하다. 성경은 외국인들을 도와주라고 하였다(레 19:33-34). 외로운 자들을 돕는 것은 하나님께 상달된다. 뵈뵈는 이와 같이 일을 성실하게 행한 "일꾼"이었다(1절).

(2) 브리스가와 아굴라. 바울은 이들을 가리켜 자기의 "동역자"라고 말하였다. 그들은 실상 사도는 아니었다. 그러나 그들이 바울과 동고동락(同苦同樂)하면서 사도 바울의 전도 사업을 극력 도와주었다. 그들이 바울을 도와주되 저희의 생명을 희생할 정도로 봉사하였다. 복음

전하는 일을 돕는 그것은 바로 주님의 일이니 실상 교역자를 돕는 것은 주님을 돕는 것과 같다. 교역자를 돕는 일에는 여러 가지가 있다. ① 그의 전하는 말씀을 잘 받아 순종함. ② 그를 위하여 기도함. ③ 교인들을 서로 돌아봄. ④ 교회를 위하여 희생적으로 봉사함. 곧, 주님의 뜻이면 생명이라도 바칠 수 있는 참된 봉사가 귀하다.

(3) 아시아에서 그리스도께 처음 익은 열매 에배네도(5절).

(4) 많이 수고한 마리아(6절).

(5) 사도에게 유명히 여김을 받은 자 안드로니고와 유니아(7절).

(6) 그리스도 안에서 인정함을 받은 아벨레(10절).

(7) 주 안에서 수고한 드루배나와 드루보사(12절).

(8) 주 안에서 많이 수고하고 사랑하는 버시(12절).

주님을 섬기는 일이 첫째 되는 일이다. 하나님께서 천국 운동에 사용하시는 다섯 가지가 있으니, 약한 것, 어리석은 것, 천한 것, 멸시받는 것, 없는 것 등이다(고전 1:27-29). 이것은 사람이 자기를 나타내지 않고 주님의 교회를 섬기기만 하는 다섯 가지 자격이다. 와나메이커(Wanamaker)가 주일학교 교장으로 봉사하였는데, 누가 그에게 묻기를 "당신은 백화점도 경영하고 우체국 국장인데 언제 시간이 있어서 주일학교 일을 보십니까?"라고 하였다. 그때에 와나메이커는 대답하기를 "주일학교 일이 첫째 되는 참 일이고 다른 것들은 일이라고 할 것 없소."라고 하였다. 천국의 일은 뒤에서 돕는 것이 더욱 가치 있다. 베드로를 주님께로 인도한 이는 안드레이다. 토레이(Torray)의 배후에는 그 어머니의 기도가 있었고, 무디(Moody)로 하여금 그리스도를 영접하도록 가르친 선생은 킴발(Kimbal)이었다. 신신학자였던 카이퍼(A. Kuyper)는 어떤 여성도의 권면 때문에 진리로 바로 섰다.

고린도전서

74

성직자(聖職者)에 대하여

◆ 고전 4:1-5 ◆

1. 그리스도의 일꾼

여기 "일꾼"이란 말은 헬라 원어로 휘펠에타스(ὑπηρέτας)이니 재하자(在下者)란 뜻이니 곧, 하인(下人)이다. 1절에 설명한 것과 같이, 그는 하나님의 비밀을 맡은 자이다. 교회의 장로들도 이와 같은 일꾼이다. 그들이 목사의 하는 일과는 다소 다른 일을 하지만 그리스도의 양떼를 맡아 인도하는 데 있어서는 마찬가지이다.

그리스도의 일꾼은 그리스도의 종이니만큼, 누구보다도 겸손해야 된다. 그들이 혹시 잘못 생각하기를, 그리스도의 종은 지극히 높으신 분의 종이니만큼 일반 사람들보다는 높은 지위에 있다고 생각하여 진정으로 낮은 마음을 가지지 않게 된다. 그것은 세상의 방식으로 생각함이다. 이 세상에서는 높은 자의 종까지도 일반 사람들보다 높다는 생각을 가지게 된다. 그러나 하늘 나라에 있어서는 높은 자일수록 자기를 낮춘다. 그리스도께서는 얼마나 낮아지셨는가? 그는 십자가에 죽으시기까지 자기를 낮추셨다. 그리스도와 같이 겸손한 자는 사람들

중에 없다. 이스라엘 백성을 지도한 모세는 얼마나 겸손하였던가? 민 12:3에 말하기를 "이 사람 모세는 온유함이 지면의 모든 사람보다 승하더라"고 하였다. 바울은 말하기를 자기는 죄인 중에 괴수(魁首)라고 하였다(딤전 1:15). 진정한 겸손은 자기보다 남을 낮게 여기는 것이다(빌 2:3). 사람이 어떻게 남을 나보다 낮게 여길 수 있을까? 사람이 남을 자기보다 낮게 여기게 됨은 어떤 기술을 비교하는 의식에 있지 않고 자기 영혼을 깊이 살피는 데서 생겨난다.

(1) 사람이 자기에게 어떤 은혜로운 장점이 있다면 그것은 하나님의 은혜로 된 것이니 자랑할 수 없다. 그는 성결(聖潔)의 수준이 높을수록 자기 죄가 많아 보이므로 남을 자기보다 낮게 여긴다. 사람이 한두 가지 의(義)가 있다 할지라도 그것으로 죄감을 면할 수는 없다. 그 이유는 인간은 누구든지 부패성을 속에 지니고 있는데 그 부패성은 몇만 가지, 혹은 무수한 죄악의 뿌리가 되기 때문이다. 그러므로 의로운 행실 몇 가지로써 죄인됨을 면할 수는 없다. 다윗도 자기 죄가 머리털보다 더 많다고 하였다(시 40:12).

(2) 그는 다른 사람보다 특별한 축복을 받았다 할지라도 도리어 그런 축복을 받지 못한 사람보다 두려워하며 겸손해야 된다. 그 이유는 그가 그러한 축복을 받았으니만큼, 하나님 앞에 더 무거운 책임을 졌고, 따라서 그 책임을 다하지 못한 죄가 많기 때문이다. 특별히 교직자에게 있어서는 더욱 그러하다. 눅 12:48에 말하기를 "무릇 많이 받은 자에게는 많이 찾을 것이요 많이 맡은 자에게는 많이 달라 할 것이니

라"고 하였다.

(3) 누구든지 자기의 신앙생활에 있어서 방해자는 자기 자신의 죄악이니, 사실상 남의 많은 죄악보다 자기의 적은 죄가 자기에게 더욱 해독을 준다. 그러므로 자기의 원수는 자기 자신이다. 사도 바울도 자기 자신에 대하여 말하기를 "오호라 나는 곤고한 사람이로다 이 사망의 몸에서 누가 나를 건져내랴"(롬 7:24) 하였고, 또 말하기를 "싸우기를 허공을 치는 것같이 아니하여 내가 내 몸을 쳐 복종하게"(고전 9:26-27) 한다고 하였다. 사람은 자기의 원수가 누구인 것을 분명히 알아야 할지니, 자기 원수는 자기 속에 있는 부패성(腐敗性)이다. 그러므로 신자는 자기를 남보다 낫게 여길 이유가 없다.

(4) 진실한 신자는 신령한 생활에 있어서 현재보다 미래를 근심한다. 그는 처음 된 자가 나중 되는 일이 있음을 잊지 않는다(마 20:16).

낮아질 줄 모르는 자는 그리스도의 종의 자격이 없다. 실상 낮아지는 자리가 그리스도의 종 되는 영광을 차지한다. 그러므로 세례 요한은 낮아진 자리도 차지할 자격이 없다는 의미에서 말하기를 "나는 그의 신들메 풀기도 감당치 못하겠노라"(요 1:27)고 하였다.

2. 하나님의 비밀을 맡은 자

(1) 그는 누구보다도 그리스도에게 가까이 있는 비서(秘書)와 같은 자이니, 그리스도의 지시를 받기 위하여 누구보다도 그에게 접근하여 그의 명령을 기다려야 할 자이다. 그가 그와 같은 종인데도 불구하고

주님의 지도를 받기 위해서 힘쓰지도 않고, 모든 일을 자기의 의사(意思)대로 한다면 그는 멀지 않아서 그 귀한 사명에서 쫓아냄이 된다. 그의 사업은 양떼들에게 그 주인의 뜻을 알려주는 데 있다. 그러므로 그는 성경을 연구하는 데 있어서 누구보다도 깊어야 되고, 기도에 있어서도 많은 시간을 가져야 될 것이다.

땅에 있는 장로가 하늘에 있는 장로의 모형이라고 할 수 있는데 하늘에 있는 장로는 거문고와 향이 가득한 금 대접을 가졌으니, 그 향은 기도라고 한다(계 5:8). 이와 같이 하늘에 있는 장로는 기도가 가득한데 어떻게 땅에 있는 장로들이 기도 없이 장로직을 가질 수 있을까? 뿐만 아니라, 하늘에 있는 장로는 주님의 뜻 곧, 진리를 아는 데 있어서 언제든지 지도적 입장에 있다. 하나님의 오른손에 있는 책을 받아 올 사람이 없는 답답한 사실을 본 사도 요한이 울 때에, 하늘에 있는 장로가 위로하며 가르쳐 주기를 "울지 말라 유대 지파의 사자 다윗의 뿌리가 이기었으니 이 책과 그 일곱 인을 떼시리라"(계 5:5)고 하였다. 또한 하늘에 있는 장로는 사도 요한의 본 바 셀 수 없는 큰 무리가 누구인 것을 밝히 가르쳐 주었다(계 7:9-17). 교회의 양떼를 맡은 장로들이 영적 지혜는 없이 육적으로만 교회를 붙들어 보려고 하므로, 교회는 신령한 은혜를 받을 수 없고 잘못되는 일이 많다. 주님의 뜻을 분명히 깨닫지 못하고 사이비(似而非)한 옳음을 주장하면서 교회를 해롭게 하는 자들이 많다.

(2) 하나님의 비밀을 맡은 자는 그 주인과 늘 회계(會計)를 본다. 그

는 이와 같이 경성하여 주님 앞에서 자기의 단점을 고치며, 자기의 죄책을 걸머지며, 주님 앞에서 지고 있는 부채(負債)를 속히 청산한다. 참된 지도자는 실수가 적은 자라고 할 수 있겠으나, 또한 실수가 있는 경우에라도 급속히 또는 깨끗이 고치며 청산하는 자이다. 허물을 고치는 데 있어서 지체하지 않고 철저히 하는 자가 하나님과 사람에게서 신임을 받는다. 베드로는 세 번씩이나 주님을 모른다고 하였으나, 바로 그 순간에 주님이 그에게로 돌이켜 시선을 던지실 때에 즉시 그 시간에 회개하였다. 그만큼 그는 회개에 민첩하였으며 또 철저하였다(눅 22:61-62). 그러므로 그는 후에 반석과 같은 교회 일꾼으로 신임을 받았다.

이와 같이 주님 앞에 나아가 자신을 반성하고 양떼를 위한 자기의 부족을 잘 반성하는 자라야 양떼가 순종할 만한 지도자가 된다. 히 13:17에 말하기를 "너희를 인도하는 자에게 순종하고 복종하라 저희는 너희 영혼을 위하여 경성하기를 자기가 회계할 자인 것같이 하느니라 저희로 하여금 즐거움으로 이것을 하게 하고 근심으로 하게 말라 그렇지 않으면 너희에게 유익이 없느니라"고 하였다. 장로들이 자기들의 옳지 않은 고집을 세우려다가 교회를 해롭게 하는 일이 많다. 그들은 자기들의 주장하던 것이 틀린 줄을 알 때에는 화급히 고쳐야 된다.

3. 성직자는 충성해야 됨

충성이란 것은 그 맡은 달란트를 가지고 진실되이 일하여 그 주인을 위해서 그 맡았던 바를 증대케 함이다. 그것은 달란트 비유가 잘 보여 준다. 다섯 달란트 받은 자와 두 달란트 받은 자가 그렇게 하였다. 그들은 마침내 "충성된 종"(마 25:14-23)이라는 칭찬을 받았다.

(1) 그들이 충성한 내막은 마 25:16 말씀이 알려준다. 곧,

① "바로 가서 그것으로 장사하여"라고 하였다. 여기 "바로 가서"란 말은 중요하니 그것이 그가 주인이 맡겨 준 달란트와 그의 명령을 받들어 즉각 순종하였다는 뜻이다. 우리 자신에게는 주님의 일을 잘 되게 할 아무 힘도 없다. 그러나 사명에 충성하면 예상 못했던 큰 일이 이루어진다. 사명에 충성한 영국 제독 넬슨(Nelson)을 생각하여 보자! 그는 지금부터 약 100년 전에 나폴레옹의 해군을 격파했다. 그는 실상 불구자로서 팔이 하나뿐이고 눈도 하나뿐이요, 배를 타면 언제나 멀미가 나서 갑판을 디디기도 어려웠던 사람이었다. 그러나 그는 충성함으로 유명한 개선장군이 되었다. 우리가 과연 믿을 만한 주인을 만나서 옳은 지도를 받는다면 그 지도대로 충성하는 것만이 성공의 비결이다. 예수 그리스도는 길이요 진리요 생명이시다. 우리는 그의 지도대로 지체하지 말고 다섯 달란트 맡은 자처럼 "바로 가서" 그 맡은 은혜와 사명대로 힘을 다하여 일해야 된다.

② "또 다섯 달란트를 남겼나이다"라고 하였으니, 하나님의 일에 힘쓰면 이익이 많다. 복음은 천지를 지으신 하나님께서 이루신 것이고, 그 아들 예수 그리스도의 피 흘려 죽으심이 된 희생을 그 내용으로 가지고 있다. 뿐만 아니라, 이 복음은 성령께서 전파하신다. 이와 같이 위대한 생명의 복음을 믿어 순종할 때에 거기서 위대한 열매가 맺힐

것은 확실하며, 그것을 전파할 때에 인력으로는 생각지도 못할 위대한 역사가 나타난다. 그러므로 딤후 4:2에 말하기를 "너는 말씀을 전파하라 때를 얻든지 못 얻든지 항상 힘쓰라"고 하였다(참조, 갈 6:9). 존 와나메이커는 필라델피아에서 큰 백화점을 경영하였고 겸하여 우편국장이었다. 그러나 그는 자기가 나가는 교회의 주일학교 부장으로서 충성을 다하였다. 누가 묻기를 "어떻게 시간이 있어서 이와 같이 교회 일에 전력하는가?" 하니, 그는 대답하기를 "내가 경영하는 상업이나 기타 영업은 무가치한 것들이지만, 교회 일을 돕는 것만이 내게 참으로 가치 있는 일다운 일이다."라고 하였다.

(2) "충성"에 대하여 예수님이 가르치신 또 한 가지 요소는 그 사역자가 충성한 것이 "적은 일"에 관한 것이라는 사실이다. 그는 말씀하시기를 "착하고 충성된 종아 네가 적은 일에 충성하였으매 내가 많은 것으로 네게 맡기리니 네 주인의 즐거움에 참예할지어다"라고 하셨다. 여기 이른바 "적은 일"이라는 말은 무슨 뜻인가? 어찌하여 많이 맡은 자 곧, 다섯 달란트 맡은 자에게도 적은 일(마 25:21)이라고 하셨는가? 신자가 맡은 일은 천국 운동에 있어서 다만 자기의 받은 은사에 관계된 것뿐이다. 천국의 일은 어느 개인 한 사람이 할 수 없고 하나님이 세우신 무수한 일꾼들이 하는 것이다. 한 개인은 자기 분야에 있어서 충성하므로 하나님 앞에서 칭찬을 받는다. 그는 천하보다 큰 주님의 일에 있어서 그렇게 적은 일을 하면서 남들의 일을 돕는 것뿐이다.

다시 말하면 그것은 두드러지게 자기 개성을 나타낼 것이 아니고,

무한히 큰 천국 사업에 이바지하는 것뿐이다. 그러므로 그는 주님만 높이고 자기는 극히 적은 자로 낮아진다. 그러므로 겸손의 덕은 그의 생명이라고 할 수 있다. 예수님께서 말씀하시기를 "이방인의 임금들은 저희를 주관하며 그 집권자들은 은인이라 칭함을 받으나 너희는 그렇지 않을지니 너희 중에 큰 자는 젊은 자와 같고 두목은 섬기는 자와 같을지니"라고 하셨다(눅 22:25-26).

4. 성직자는 자기가 잘했다는 관념이 없어야 됨(3-5절)

바울이 여기 말하기를, 자기는 다른 사람에게 판단 받는 것을 매우 적게 여긴다고 하였다. 뿐만 아니라 그는 자기 자신을 옳다고 칭찬하지 않았다고 한다(곧, 스스로 칭찬하는 일이 없다는 뜻). 그는 자책할 아무 일도 없다고 생각되어도 스스로 의롭다는 생각을 가지지 않았다. 그 이유는 그는 자기가 느끼지 못하고 있는 감추인 죄도 있을 것을 믿었기 때문이다(5절).

우리는 큰 죄악이 없다고 하여 죄인이 아닌 듯이 자처하기 쉽다. 그러나 성도가 알기에는 마음으로도 느끼기 어려운 작은 죄들도 무서운 것이다. 그 이유는 극히 작은 죄도 사람을 지옥으로 떨어뜨리는 무서운 것이기 때문이다. 형제를 미련한 놈이라고 하는 자도 지옥에 간다고 말씀하셨다(마 5:22).

75

충성에 대하여
♦ 고전 4:1-5 ♦

교회의 성원(교인들)은 모두 다 맡은 일이 있다. 그것은 요동하며 자기를 높이는 일이 아니고 열매를 맺는 일이다(요 15:8, 16). 왕노릇하며 주장하며 스스로 영광을 받는 것은 기독신자의 일이 아니다. 그는 언제나 주님을 위하여 열매를 맺기에만 열중해야 된다. 그것이 요동하는 일이 아니라는 의미에서 예수님은 말씀하시기를 "적은 일에 충성함"(마 25:21)이라고 하셨다. 이와 같이 고요히 열매 맺는 운동에 의하여 기독교는 발전되어 내려왔다. 여러 해 전에 아프리카 어떤 나라에 전쟁이 일어났을 때에 사람들은 모두 다 피난 갔었다. 그러나 한 백인 여자 선교사는 흑인 아이 한 명에게 성경을 가르치고 있었다. 그는 육신의 평안을 도모함보다 진리를 전하며 가르치는 데 더 열중하였던 것이다. 이런 것이 고요히 열매 맺는 운동이다. 순교자 저스틴(Justine Martyr)이 철학을 연구하며 해변에서 거닐 때에 어떤 노인이 구약책을 한 권 주었다. 그는 그 성경을 읽고 회개하여 당시 교회의 지도자가 되었다. 이것도 고요한 증거의 열매이다.

1. 위에 계셔서 지도하시는 이의 지시대로 행함(1-2절)

1절에 있는 "그리스도의 일꾼"이란 말은 그리스도의 하인이라는 뜻이다. 그리고 "맡은 자"란 말은 청지기란 뜻이다. 하인이나 청지기는 자기의 고집이 없고 상전의 지시를 받을 뿐이다. 그들에게는 상전의 지시를 받는 시간이 가장 귀한 시간이다. 그와 같이 기독신자는 하나님의 지시를 받는 그 시간을 제일 중요하게 여겨야 된다. 하나님의 지시를 받는 유일한 길은 우리가 성경 말씀에 대하여 개인적 관계를 맺는 것이다.

수원지에 아무리 물이 많아도 수도 시설을 통하여 내가 그 물을 받아야만 나의 마실 물이 되어진다. 성경은 수원지의 물처럼 풍성한 생명수를 저장하고 있다. 그런데 내가 그것을 마시려면 그것을 내게 접촉시켜 주시는 성령과 접촉해야 된다. 우리가 성령과 접촉하려면 날마다 기도 시간을 충실히 가져야 한다. 기도 시간은 성령과 접촉하는 고요한 시간이다. 만물이 잠들고 있는 고요한 밤에 이슬이 내리듯이 성령과 접촉하는 시간은 고요한 기도 시간이다.

현대 신학교의 형편을 보면 학생들이 기도 훈련을 착실히 받지 못한다. 이것이 현대 교회의 타락의 원인이 된다. 하나님은 우리를 때려서라도 기도를 하도록 만드시기를 원하신다. 다시 말하면 우리가 기도 없는 생활을 고집할 때에 그는 우리에게 환난과 고통을 주셔서라도 기도하게 하신다.

2. 언제나 하나님 앞에서 의존자(依存者)요 공존자(共存者)의 태도를 취하지 않음(3-5절)

공존의 태도는 독립적인 자세를 취하나 의존의 태도는 항상 하나님 앞에서 걸인(乞人)의 태도를 취한다. 의존자는 자기의 어떤 옳은 점도 감히 의롭다고 생각하지 않고 판단을 심판 때까지 보류한다. 그는 언제나 자기의 연약을 느낀다. 사람은 자기의 연약을 발견하기 어렵다. 어떤 사람은 자기의 죽는 날까지 그것을 느끼지 못한다. 그러나 그것을 뚜렷이 느끼는 자일수록 복되다. 바울은 말하기를 "내가 약할 그때에 곧 강함이니라"(고후 12:10)고 하였다. 하나님 앞에 의존주의를 가지는 자가 참 신자이다. 우리는 어느 정도로 우리의 연약을 느껴야 되는가? 우리는 주기도문에 있는 대로 "일용할 양식을 주옵시고" 하는 그대로 우리의 연약을 느껴야 된다. 양식이 아무리 많은 자도 재앙이 내리면 삽시간에 그 양식을 먹지 못하게 될 줄로 알고 하나님만 바라보아야 된다. 신앙은 하나님의 힘을 취득(取得)하는 손이다.

76
성직자의 충성
◆ 고전 4:1-5 ◆

성직자는 주님의 하인이요 또 청지기이다. 그러므로 그는 심판날에 심판주이신 하나님 앞에서 회계(會計)를 볼 자라는 책임감으로 경성하여 일한다. 그러므로 그는 다음과 같은 마음의 자세를 가진다.

1. 현세에서 사람들의 칭찬에 관심을 가지지 않음

바울은 사람들에게서 판단 받는 것을 매우 작은 일이라고 하였다(3절). 여기 이른바 "사람에게"란 말의 헬라어는 "사람의 날에"라고 번역되어야 한다. 이는 곧 현세를 가리킨다. 얼마나 많은 사람들이 현세(現世)를 중요시하는가? 그러나 바울은 내세(來世) 중심으로 행하였다. 그래서 유대의 총독 베스도는 내세에 대하여 길게 말한 바울더러 "네가 미쳤도다"(행 26:24)라고 하였다. 사람들은 이 세상을 너무 사랑하여 거기에 도취되었기 때문에 내세를 중요시하지 않는다. 사람이 현세를 너무 사랑하여 내세를 생각해 보지도 않기 때문에 하나님은 사람들에게 고난을 보내신다. 사람은 고난을 받는 가운데서 세상에 대한 애착을 조금씩 끊는다.

 인간들의 칭찬을 받기 위하여 일하는 것은, ① 남편의 사랑만 기대해야 할 아내가 다른 사람들의 사랑을 구함과 같다. 뿐만 아니라 그것은 ② 하나님을 외면하고 나 자신을 높이는 허영주의이다. "사람 중에 높임을 받는 그것은 하나님 앞에 미움을 받는 것이니라"(눅 16:15)고 예수님은 말씀하셨다. 우리는 하나님만을 심판자로 믿고 심판날에 그의 칭찬만 받으려고 소원해야 된다.

2. 심판날에 회계(會計) 볼 자의 태도로 일함

 만일 우리의 이때까지 행한 것과 현재의 우리의 마음을 필름(film)에 넣어 활동 사진으로 보여 준다면 우리에게 부끄러운 일이 없을까? 심판 날에는 어두움에 감추인 것들을 드러낸다고 하였다. 그것은 큰 문제이다. 그러나 우리는 지금 그 문제를 해결할 수 있다. 우리는 회개하고 고치므로 그 문제 해결을 받는다. 요일 3:2-3에 말하기를 "그가 나타내심이 되면 우리가 그와 같을 줄을 아는 것은 그의 계신 그대로 볼 것을 인함이니 주를 향하여 이 소망을 가진 자마다 그의 깨끗하심과 같이 자기를 깨끗하게 하느니라"고 하였다.

77

하나님 나라의 성립 요소

◆ 고전 4:18-21 ◆

본문 20절에 "하나님의 나라는 말에 있지 아니하고 오직 능력에 있음이라"고 하였다.

1. 하나님 나라는 말에 있지 아니함

여기 이른바 "말"은 하나님의 말씀을 의미하지 않고 사람들의 말을 가리킨다. 사람들의 말은 거짓되거나 혹은 이 세상의 것을 말할 뿐이다. 야고보는 혀를 가리켜 "지옥에서 나는 불"이라고 하였다(약 3:6). 그러므로 하늘 나라를 취급함에 있어서 사람들의 말로써는 아무런 효과도 나타내지 못한다. 누구든지 하나님의 능력을 받지 않고 말로써만 하나님의 나라를 취급하는 것은 매우 부족하다. 그러므로 하늘 나라에 관하여 사람이 말을 하려면 먼저 기도하여 능력을 받아야 된다. 그러므로 다윗은 자기 입에 재갈을 먹이듯이 침묵을 힘써서 "잠잠하여 선한 말도 발하지 아니하였다"(시 39:2)고 한다. 그는 원수의 박해를 당할 때에 침묵하여 기도를 힘썼다. 시 109:4에 말하기를 "나는 사랑하나 저희는 도리어 나를 대적하니 나는 기도할 뿐이라"고 하였다. 그러므로 천국에서 살려고 하는 자는 침묵을 힘쓰고 기도를 많이 한다. 시 37:7에 말하기를 "여호와 앞에 잠잠하고 참아 기다리라 자기 길이 형통하며 악한 꾀를 이루는 자를 인하여 불평하여 말지어다"라고 하였다.

2. 하나님의 나라는 능력에 있음

하나님의 나라는 살아 계신 하나님께서 성립시켜 주시는 것만큼, 그 나라가 그의 능력에 있다고 생각할 수밖에 없다. 우리는 하늘 나라 시민이므로, 하나님의 능력 안에서 살기를 힘써야 된다. 이 능력은 하필 교역자들만 아니라, 하늘 나라에서 사는 자들은 다 받아야 한다. 이 세상 나라에서 사는 자가, 의식주(衣食住)를 필요로 하는 것처럼, 하늘 나라 백성은 하나님의 능력을 받아야 한다.

능력이 무엇인가? 이에 대하여 롬 14:17이 밝혀주었으니, 곧 "하나님의 나라는 먹는 것과 마시는 것이 아니요 오직 성령 안에서 의와 평강과 희락이라"고 하였다. "의"는 예수님의 의(義)요, 또 그것으로 말미암아 맺는 우리의 열매로서의 의이다. 예수님의 의를 받을 수 있는 믿음은 하나님의 능력으로야 성립된다. 이 의는 선물로서 얻은 의인 동시에, 죄로 더불어 싸우지 않는 자는 얻을 수 없는 의이다. 사람이 아무리 시장해도 오물을 먹지 않음과 같이, 성도는 죽을지언정 죄를 범하면서 살기를 원하지 않는다. 크리소스톰(Chrysostom)이 죽는 것보다 범죄를 더 무서워한 것처럼, 신자들은 각각 정도의 차이는 있을지언정 성결을 사모하기는 마찬가지이다. 죄를 이기는 신자에게 평강이 있으며 기쁨이 있다. 천국의 즐거움을 맛보려는 자들이 있는가? 그는 죄를 이겨 보아야 안다.

78

시험에 넘어지지 말라

◆ 고전 10:12-13 ◆

여기 나온 "시험"이란 말은 헬라 원어로 페이라스모스(πειρασμός)인데 하나님이 보내시는 시험을 의미하지 않는다. 이것은 하나님께서 허락하신 다른 시험이다. 우리가 이 시험에 넘어지면 신앙에서 타락한다.

1. 이 시험은 사람이 감당할 시험임

여기 이른바 "사람이 감당할 시험"이란 것은 "인간에게 속한 시험"(ἀνθρώπινος)이란 것이다. 곧, 인간에게 공통되는 시험이다. 우리가 시험을 당할 때에 "나 한 사람만 이런 시험을 당한다"고 생각하면 불평이 생기고 그 시험을 이길 힘도 내지 못한다. 그러므로 우리는 시험이 인류에게 공통되어 있음을 명시해야 된다. 외아들 죽은 부모를 찾아가서 "나도 역시 아들이 죽었다"고 하면 그들의 슬픔이 적어진다. 그러므로 베드로는 고난의 시험을 당하는 신자들더러 말하기를 "이는 세상에 있는 너희 형제들도 동일한 고난을 당하는 줄 앎이니라"(벧전 5:9)고 하였다.

더욱 이런 시험이 신앙상 유익을 위하여 허락된 줄을 알면 신자들이 경쟁적으로 그것을 당하기 원할 것이다. 시험이 괴로운 반면에 그 유익함에 대하여는 성경에 종종 말하고 있다.

(1) 인내 연성(鍊成). 약 1:2-3에 말하기를 "내 형제들아 너희가 여러 가지 시험을 만나거든 온전히 기쁘게 여기라 이는 너희 믿음의 시련이 인내를 만들어 내는 줄 너희가 앎이라"고 하였다. 사람이 괴로운 시험을 통과해야 인내를 연성하여 받는다. 어려운 일을 피하는 자는 언제든지 인내의 덕을 가져보지 못한다. 그러므로 사람이 인내의 덕을 소유하게 되기 전에는 몇십 년이라도 괴로운 시험을 거듭거듭 받아야 된다. 괴로운 시험으로 말미암아 인내가 연성된다는 것은 바다 밑에 들어가 해산물을 잡아내는 제주도 여자들을 보아서도 알 수 있다. 그들이 바닷물에 들어가 그렇게 오래 참는 것은 벌써 많은 연단을 받았기 때문이다.

고난 받기 위하여 인내가 필요한 것이 아니고 인내를 이루기 위하여 고난이 필요하다. 그러면 인내는 무엇에 필요한가? ① 그것은 모든 덕을 담는 그릇이며, 모든 영적 보배들을 보호하는 간성(干城)이다. ② 하나님은 인내하는 자를 사용하신다. 우리가 오래 참으며 의(義)를 붙잡을 때에 그는 역사하신다. 그는 신용할 수 없는 사람들(쉬이 변하는 사람들)을 사용하시지 않으신다.

(2) 믿음 연단. 벧전 1:7에 말하기를 "너희 믿음의 시련이 불로 연단하여도 없어질 금보다 더 귀하여"라고 하였다. 뿐만 아니라, 괴로운

시험 때문에 신앙이 보존된다. 영국 메리 여왕이 신교를 핍박할 때에 많은 신자들이 감옥에 가서도 신앙을 지켰다. 그러나 메리 여왕이 죽고 엘리자베스가 왕이 되어서 그들을 석방하니, 그들이 집에 돌아가서 평안한 환경에 처하여 상당수가 타락하였다고 한다.

2. 하나님께서 사람으로 하여금 시험을 감당하게 해 주심

(1) 사람은 괴로운 시험을 당할 때에 원망하지 말고 하나님을 믿어야 된다. 우리의 힘은 믿음이다. 롬 1:17에 "의인은 믿음으로 말미암아 살리라"고 하였다. 믿는 것이 삶이다. 우리가 괴로운 시험을 당할 때에도 주님을 믿으면 벌써 절반 이상은 이긴 것과 같은 것이다.

(2) 오직 승리는 하나님께 달렸다. 본문(고전 10:13)에도 하나님께서 "피할 길"을 내신다고 하였다. 영국에서 신교도들이 핍박을 당할 때에 한번은 두 사람이 옥에 갇혔다가 사형을 받을 처지였다. 그들 중 한 사람은 담대하였는데 다른 한 사람은 너무 겁이 많아서 벌벌 떨었다. 그는 울면서 하나님께 기도하기를 "감당할 힘을 주소서"라고 하였다. 그는 종종 그 담대한 친구에게 말하기를 "나는 아무래도 못견디고 항복하고 나갈 것 같으니 나를 위하여 기도하여 달라"고 부탁하였다. 그때에 그의 친구는 그를 책망하며 담대하라고 권면하였다. 그러나 막상 사형 받을 시간이 되니, 그 겁약했던 사람은 담대히 순교하고, 그 본래 담대했던 자는 항복하고 석방되었다. 그러나 그는 믿음에서 떠나 마침내 타락 생활을 하고 말았다고 한다.

79

화평한 교회가 되자

◆ 고전 14:26-33 ◆

1. 모든 사람은 덕을 세우기 위하여 은혜를 사용할 것(26절)

덕을 세운다 함은 남을 유익하게 함이다. 신자는 자기 개인의 유익을 위하지 않고 공익을 위해야 된다. 사람은 언제든지 남이 잘되는 것을 기뻐할 줄 알아야 된다. 로마에서 어떤 사람이 취직 자리를 구하는 중에 있었다. 그때에 직장이 하나 생겼으므로 그곳에서 일하기를 원했다. 그런데 그보다 먼저 다른 사람이 그 자리에 채용되었다. 그때에 그는 말하기를, 로마에 나보다 좋은 사람이 있으니 감사하다고 하였다.

(1) 신자가 공익을 위하여 살 때는 우선 그 마음이 평안하다. 그러므로 그런 신자들이 모인 교회는 화평스럽다.

(2) 뿐만 아니라, 사람이 공익을 위하여 살 때에는 무서운 개인주의의 포로가 되지 않고 조화(調和)있는 생활을 하게 된다. 누구든지 개인주의의 포로가 될 때에는 모든 것을 자기 중심하여 보게 되므로 잘못 본다. 다시 말하면 그는 어두워진다. 이 세상에 있는 모든 것은 나 한 사람을 위하여 있는 것은 아니다. 그리고 그는 모든 것을 대할 때에,

그것으로 사리사복을 채우려고 하니 그것은 맹목적이고, 발뒤꿈치로 송곳을 차는 우매한 짓이다. 이 세상에 있는 것들이 대부분 남을 위하여 있는데도 불구하고 그것으로 내 욕심만 채우려고 하면 도리어 자기 자신을 해롭게 함이 된다.

그러므로 공익을 구하는 생활은 신자로서 자기 위치를 바로 취하는 것이니, 교회 안에서 조화를 이루는 생활이 되어진다. 그것은 화평을 가져온다.

2. 질서가 있고 깨달음이 같아야 화평한 교회가 됨(27-31절)

이 부분에 방언(方言)하는 법과 예언하는 법에 대하여 말하였는데 차서(次序)있게 할 것과 서로 이해하는 가운데서 할 것을 가르치고 있다. 언제든지 차서가 없는 일은 질서를 문란하게 하여 심령에 불안을 가져온다. 뿐만 아니라, 대중 운동에 있어서 서로 이해하지 못하는 움직임은 서로 통해지지 않고 심령상으로 거리가 멀어지도록 만든다. 따라서 서로 이해되지 않는 움직임은 교회 앞에 내어놓지 않아야 된다.

예를 들면 방언하는 문제에 있어서 28절에 말하기를 "만일 통역하는 자가 없거든 교회에서는 잠잠하고 자기와 및 하나님께 말할 것이요"라고 하였다. 이것은 통역 없는 공석(公席)에서 방언하지 말라는 뜻이다. 오늘날 우리 한국 교회에서 방언 문제로 상당히 복잡하다. 그러나 문제 해결은 이 구절 말씀이 알려 준다. 오늘날 한국에서 어떤 신자들이 말하는 방언이 참 방언인 경우에는 문제를 일으키지 않도록 해야 될 것이다. 곧, 남들이 모르는 가운데 자기 혼자서만 할 것 같으면 문제될 이유가 없다.

교회가 진리를 배움으로 그 깨달음에 있어서 통일되어야 하나가 된다. 깨달음이 같지 않으면 어찌 함께 지낼 수가 있을까? 가정도 그렇다. 부부중 한 편이 불신자라면 심령에 깊이 뿌리박은 평화가 있을까? 신자로서 불신자와 결혼하는 것은 자기 평생을 불 가운데 던지는 우매한 짓이다. 나귀와 소가 같이 멍에를 메고 밭을 갈 수 있겠는가?

3. 영적 은사의 사역(使役)을 자제(自制)할 것(32절)

32절에 말하기를 "예언하는 자들의 영이 예언하는 자들에게 제재를 받나니"라고 하였다. 곧, 예언하는 자의 영적 충동은 하나님 말씀을 아는 그 자신의 제재를 받아야 된다는 것이다. 신자가 성령의 감동을 받았다고 하면서 하나님 말씀의 제재를 받지 않으면 안된다. 하나님 말씀의 제재를 받지 않는 행동은 육체적인 것이다.

그러므로 영적 은사의 활동도 이런 의미의 제재 아래 있어야 된다. 교회가 화평하려면 그 어떠한 은사를 받은 자든지 하나님의 말씀의 제재를 받아야만 된다. 제재를 받지 않으므로 교회의 질서를 어지럽게 하는 경우는 다음과 같다. (1) 은혜를 많이 받은 자가 교회를 자기의 무대로 삼을 때. 은혜를 많이 받은 무디 선생은 강단에서 다른 사람들과 함께 역사하기를 좋아하였다고 한다.

(2) 은사(恩賜)는 여러 가지인데 남들의 받은 은사를 무시하고 자기

가 제일인 줄 알고 자기의 받은 은사에만 치중(置重)하는 경우 병 고치는 은사를 받은 신자가, 하나님의 말씀을 잘 가르치는 은사를 받은 사람을 멸시함과 같은 것이 역시 교회에 불화를 가져온다. 자동차를 가도록 하는 엔진의 동력(動力)은 귀하다. 그러나 그것은 그것을 조절하는 브레이크의 제재를 받아야 되는 것이다. 빌 2:3에 말하기를 "아무 일에든지 다툼이나 허영으로 하지 말고 오직 겸손한 마음으로 각각 자기보다 남을 낫게 여기고"라고 하였다. 그리고 벧후 1:6은 절제의 덕을 권장한 말씀이다.

80
그리스도의 부활에 대하여
◆ 고전 15:1-11 ◆

그리스도의 부활은 바울이 전한 복음의 총요점이다(고전 15:14-19). 그의 부활은 어떠한 것인가?

1. 그의 부활은 성경적 진리임

3-4절에 "성경대로" 그리스도께서 죽으셨다가 "성경대로" 다시 살아나셨다고 한다. 여기에 "성경대로"(κατὰ τὰς γραφάς)라는 말씀이 두 번 나온다. 이 말씀은,

(1) 그리스도께서 죽었다가 다시 살아나신 것이 '예언 성취의 사실'이라는 뜻이다. 무엇이든지 예언대로 이루어졌다는 것은 그 예언자의 진실성을 보여주며, 그 성취된 사건의 진실성을 보여 준다. 그러므로 하나님의 말씀이 예언되었던 대로 성취되었으면 우리는 그것을 믿을 뿐이다.

특별히 그리스도께서 죽었다가 다시 살아나시리라는 예언은 구약 성경에 많이 나온다. "성경대로"라는 말의 문자역(文字譯)은 "성경들대

로"이다. 예수님이 우리 죄를 담당하시고 죽으실 일에 대한 예언이 많은데 그 중 한 가지 예를 들면, 구약시대의 제물(祭物)이다. 구약성경에 무수히 기록된 모든 피 흘리는 제사(祭祀)의 의미는 십자가에 못 박혀 죽으실 그리스도를 예언한 것이다.

그리고 부활에 대한 예언도 많이 있는데 예를 들면 시 2:7; 16:10 등이다. 부활에 대한 예언이 그의 죽음에 대한 예언처럼 많지는 못하다. 그러나 그의 죽음에 대한 예언들은 그의 부활을 무언중에 내포하고 있다. 이는 곧 사도 바울이 그리스도의 죽음에 대하여 말하면서 무언중에 그의 부활을 내포한 것과 마찬가지이다(고전 2:2).

이와 같이 우리는 예수 그리스도의 죽었다가 다시 살아나신 사실에 대한 예언적 기록이 성취된 것을 안다. 우리는 3-4절의 "성경"이라는 말씀을 뜻깊이 읽어야 된다. 그것의 헬라어는 "기록"이라는 말인데, 하나님께서 선지자들을 통하여 예언하셨을 뿐만 아니라 그것을 기록하도록 하셨다. 말보다도 기록이 더 중요함을 우리는 안다. 사람들의 거래(去來) 관계에 있어서도 말로 약속하는 것보다 그 약속 내용을 문서로 주고 받는 것이 더욱 안전하다. 그와 같이 우리는 하나님의 말씀 기록을 귀한 줄 알아야 된다. 그 기록은 반드시 이루어지는 법이다.

(2) "성경대로"라는 말씀은 '우리를 사랑하는 성경 진리대로'라는 뜻도 포함한다. 성경은 성취의 진실성을 가질 뿐만 아니라 사랑도 지니고 있다. 우리를 구원하시는 하나님의 사랑을 "진리의 사랑"(살후 2:10)이라고도 하였다. 이것은 하나님의 사랑이 성경 진리로 전파되기 때문이다. 이런

의미에서 바울은 "성경의 안위"(롬 15:4)라는 말씀도 사용한 바 있고, "은혜의 말씀", "기업이 있게"(행 20:32)라는 말씀, "구원에 이르는 지혜"(딤후 3:15)라는 말씀도 사용하였다. 우리가 우리를 참으로 사랑하여 주는 자의 말을 믿기는 쉽다. 그리스도께서 죽으셨다가 다시 살아나신 사실은 사랑의 진리, 곧 성경으로 말미암아 우리에게 전달된다.

2. 그의 부활은 역사적으로 진실성을 가진 것임

바울은 여기서 그리스도의 부활에 대하여 말하면서 역시 그 역사적 진실성도 강조한다. 여기 "그 후에"라는 말씀이 세 번 나오고(6-7절), "맨 나중에"라는 말씀이 한 번 나온다(8절). 이것은 예수님의 부활의 증거가 역사적으로 나타난 것을 보여 준다. 뿐만 아니라 "오백여 형제에게 일시에 보이셨나니 그 중에 지금까지 태반이나 살아 있고 어떤 이는 잠들었으며"(6절)라는 말씀이 역시 그리스도의 부활의 역사적 진실성을 강조한다. 그것이 역사적 성격을 가지지 않았다면 역사적 존재인 인간들과 무슨 상관이 있으랴. 하나님께서는 이 사실을 아시고 우리와 밀접한 관계가 있는 역사적 부활을 이루셨다.

81

예수 그리스도의 부활

◆ 고전 15:3-8 ◆

1. 예수 그리스도의 부활은 성경대로 이루어졌음

"성경대로"란 말은 매우 중요하다. 성경의 모든 말씀은 우리가 친히 본 것보다 더 확실하다. 그 이유는 성경은 영원히 변하지 않는 진리의 책이기 때문이다. 과학책은 변하나 성경책은 변하지 않는다. 프랑스 파리에 있는 루브르 박물관에는 50년 동안 시대에 뒤떨어진 책을 벌여 놓은 것이 4㎞ 정도나 되더라고 한다. 그러나 성경책은 변치 않는다.

(1) 성경의 예언은 역사적으로 성취됨. 하나님이 예언하신 말씀은 놀랄 만큼 정확하게 성취된다. 이와 같은 성취에 있어서 우리가 놀라는 것은 그 예언 성취의 건수들이 많은 사실이다. 예를 들면 에돔, 모압, 암몬, 바벨론, 앗수르, 두로 등에 대하여는 아주 없어지리라고 예언하였는데 그대로 되었다. 애굽에 대하여는 아주 약한 나라가 되리라고 하였는데 또한 그대로 되었다. 예수님의 초림에 대한 예언만도 456건이나 되는데 그대로 이루어졌다. 그러므로 행 1:3은 이와 같은 증거의 많은 점을 놀랍게 여겨 말하기를 "확실한 많은 증거"라고 하였다.

(2) 성경은 영감적 진리이기 때문에 믿을 만함. 이 세상의 다른 책들은 영감을 털끝 만큼도 주지 못하나, 성경은 진실한 자들에게 성령의 감동을 준다. 사람이 신령한 감동을 받으면 그 심령이 맑고, 죄를 미워하며, 거짓을 미워하며, 거룩하여지나니, 이것을 보면 성경 말씀 자체가 그런 고상한 진리임을 알 수 있다.

(3) 성경은 사랑의 진리인고로 믿을 만함. 무엇이 비록 진실하다 하여도 거기 사랑이 없으면 우리는 그것을 의지할 수 없다. 성경은 자초지종 하나님의 사랑을 전하는 말씀이다. 이런 의미에서 바울은 "성경의 안위" 란 말도 사용하였고(롬 15:4), "은혜의 말씀", 또는 "기업이 있게 하는 말씀"(행 20:32), "구원에 이르는 지혜"(딤후 3:15)라는 말도 사용하였다.

2. 그의 부활이 역사적 사실로 증명되었음

예수님은 일찍이 말씀하시기를 "좋은 나무가 나쁜 열매를 맺을 수 없다"(마 7:18)고 하셨다. 그의 부활은 진리의 사실인만큼 위대하고 선한 열매를 맺었다.

(1) 그가 다시 살아서 게바에게 보이셨다. 베드로가 다시 사신 예수님을 본 결과는 어떠한가? 그는 다시 사신 예수님을 본고로 그의 부활을 증거할 때에 하루에 3,000명이 회개하였다(행 2:41). 그는 핍박 중에도 두려워하지 않고 그리스도의 부활을 증거하여 말하기를 "사람보다 하나님을 순종하는 것이 마땅하다"(행 5:29)고 하였다.

(2) 모든 사도들(7절)도 역시 예수님의 복음을 증거하여 온 천하에 교

회를 세웠다. 그들의 운동은 선하고 고상하다. 특별히 그들은 진실을 생명시하는 기독교와 그 도덕을 온 세계에 세웠다.

(3) 예수님의 동생 야고보는 예수님을 믿지 않던 분이었으나(요 7:4-5), 부활하신 예수님을 본 후에 믿었으며, 그는 교회의 기둥과 같이 여김이 되었다(갈 2:9). 이와 같이 예수님의 부활은 인격을 크게 변화시킨다.

(4) 그가 오백여 형제에게 자기를 일시에 보이신 일도 역사상 위대한 증거로서 큰 역할을 하였다. 바울은 말하기를 "그 중에 지금까지 태반이나 살아 있고"라고 한다. 오백여 명이 일시에 다시 사신 예수님을 본 것도 놀랍고, 그들 중 태반이 바울의 고린도전서 집필 당시에 아직 살아 있었다는 것도 놀랍다. 그들이야말로 그때에 "산 증거"(living witness)였다. 증인이 한두 사람만 아니고 수백 명이었다는 것은 만전을 기한 증거이다.

(5) 예수님의 부활을 체험한 바울 자신의 증거는 얼마나 위대한가? 그는 예수님이 부활하셨다는 전도운동을 반대하면서 기독신자들을 잡아죽이려던 자였다. 그러나 그는 다메섹으로 가던 도중에 예수님의 부활을 체험하고(행 9:1-18), 몇 날 후에 "즉시로" 각 회당에서 "예수는 하나님의 아들"이라고 전파하였다.

이와 같이 기독교의 복음운동은 능력의 운동이다. 그것은 예수님의 부활을 근원으로 가진다. 예수님이 다시 사신 증거로서 나는 사도들의 받은 변화와 능력이라고 위에 말하였다. 내가 그렇게 해석하는 이유는 다시 사신 예수님을 만나 본 바울의 체험이 그렇기 때문이다. 바울은 말하기를 "맨 나중에 만삭되지 못하여 난 자 같은 내게도 보이셨느니라"고 한 뒤에 자기의 인격적 변화에 대하여 말한다. 그는 부활하신 예수님이 성령으로 역사하시는 분임을 포함적으로 말한다. "내가 모든 사도보다 더 많이 수고하였으나 내가 아니요 오직 나와 함께 하신 하나님의 은혜로라"고 한 말씀이 그 뜻이다.

성령으로 역사하시는 이가 바로 부활하신 예수님인 것은 사도 베드로도 밝히 말하였다. 그는 말하기를 "이 예수를 하나님이 살리신지라 우리가 다 이 일에 증인이로다 하나님이 오른손으로 예수를 높이시매 그가 약속하신 성령을 아버지께 받아서 너희 보고 듣는 이것을 부어 주셨느니라"(행 2:32-33)고 하였다. 오늘날 우리가 받은 성령의 은혜도 다시 살아나신 예수님이 주신 것이다. 그러므로 기독교 2천 년 역사상에 그 풍성한 성령의 은혜는 그의 살아계신 증거이다. 어떤 영국 사람이 북극 지방에 탐험을 떠났다. 그는 가기 전에 자기 가족들과 약속하기를, 내가 북극에 도착하면 곧 전구(傳鳩)를 보낼 것이라고 하였었다. 과연 그는 가서 그렇게 하였다. 그의 집에서는 그의 보낸 전구가 온 것을 보자 그의 북극 도착을 믿었다.

우리는 오늘날 성령을 체험함으로 예수님의 부활이 사실임을 안다. 바울은 그 부활의 능력을 알려고 하였다(빌 3:10). 부활의 능력은 곧 성령이시다. 다시 사신 예수님은 성령으로 역사하신다. 그러므로 바울은 다시 사신 예수님을 가리켜 "영"이라고까지 하였으며(고후 3:17), 또한 "마지막 아담은 살려주는 영이 되었나니"(고전 15:45)라고도 하였다.

82

부활의 의미

◆ 고전 15:35-58 ◆

죽었던 사람이 부활한다는 것은 현재는 우리의 체험 밖의 일이므로 우리에게 잘 이해되지 않는다. 그러므로 그것은 우리로서 설명하기 어렵다. 본문은 비유로써 이 진리를 우리에게 가르친다.

1. 부활은 농부가 종자를 심는 이치와 같음(35-49절)

이 부분에 씨를 뿌린다는 말이 있고(36-37절), 심는다는 말도 있다(42-44절). 농부가 종자를 심으면 그것의 껍질은 썩어지고 만다. 그러나 그 속에 있는 알갱이는 싹이 되어 나온다. 그것을 보면 곡식의 알갱이는 새싹이 돋아나올 생명을 지니고 있다. 그것은 몇 천 년을 지나고 살아 나올 밑천을 가지고 있다. 윌킨슨(Wilkinson)이란 영국 사람이 애굽 왕의 무덤 속에서 화병을 하나 얻었는데 그 속에는 콩이 몇 알 들어 있었다고 한다. 그것은 3천 년 전의 것이었지만 그가 그것을 땅에 심었더니 30일만에 싹이 나와 자랐다고 한다. 콩도 3천 년이 지난 후에라도 살아 나오는데 사람은 죽었다가 다시 살지 못하랴? 사람이 죽으면 그 겉 사람은 후패하나 속사람은 새로워진다(고후 4:16). 사람의 자격은 얼마나 놀라운가? 하나님께서 사람을 지으시되 그의 형상대로 지으셨으며(창 1:26), 천사보다 조금 못하게 하셨다(시 8:5). 그는 사람에게 영원을 사모하는 마음을 주셨다(전 3:11).

하나님께서는 인간의 죄악 문제와 죽음 문제를 해결하시기 위하여 그의 독생자로 하여금 죽었다가 다시 살도록 해 주셨다. 사람들이 장래의 부활에 대한 성경 말씀을 잘 믿지 못하는 이유는 그 부활할 몸을 현세의 이 몸과 같을 것으로 잘못 생각하기 때문이다. 우리가 다시 살 몸은 현세의 이 몸과 다르다. 현세의 몸은 썩는 것이며, 욕된 것이며, 약하며, 육에 속한 것이며, 죄 짓는 것이다(42-44절). 그러나 다시 살 몸은 썩지 않으며 또 여러 방면으로 이 몸과 다르다. 그것은 영광스럽고 강하고 신령하다(42-44절). 이와 같은 몸은 형용할 수 없이 귀하다.

이 특징들 중에 "썩지 않음", "영광스러움", "강함" 등은 우리로서 아직 체험하지 못하는 것이니 잘 알 수 없다. 그러나 "신령한 것"은 우리가 잘 안다. 그것은 오늘날 우리가 체험한 바요 또 체험할 수 있다. 신령한 것은 은혜 받은 그 심리 상태와 같다. 신령한 것, 곧 은혜 받은 심리 상태는 얼마나 좋은가? 기쁘고 소망이 가득하고, 평화롭고, 사랑스럽고, 주님과 연합하는 분명한 의식(意識)을 가진 상태이다. 이와 같은 몸의 생명, 곧 부활은 주님께서 홀로 성립시켜 주신다. 사람이 그리스도로 말미암아 구속(救贖)함을 받았으면 그의 능력으로 부활한다(참조, 빌 3:20-21).

2. 부활은 잠자던 자가 깨는 것과 같음(51-58절)

　사람이 잠자는 때는 외계에 대하여 의식을 잃어버린 상태이다. 그러므로 그때는 위험하다고도 할 수 있다. 자다가 죽는 사람들도 있다. 그러나 모두 다 깨어날 것이라고 생각하고 잔다. 우리가 매일밤 자는 것은 죽는 연습이라고도 할 수 있다. 우리가 죽는 것은 실상 잠자는 상태의 연장이라고도 할 수 있다. 신자들이 현세에 죽기는 죽지만 주님이 다시 오실 때에는 옷을 갈아입듯이 부활의 몸을 입고 영원히 살게 된다. 53-54절에 "입는다"는 말이 네 번 나온다. 이는 마치 자던 자가 깨어서는 옷을 입는 사실과 같다는 것이다. 그리스도께서 부활을 성립시켜 주시는 이유는 그가 사망을 이기신 까닭이다. 승리의 원천(源泉)은 오직 그리스도이시다.

83
주님의 일을 힘쓰자
◆ 고전 15:55-58 ◆

딤후 4:2에 말하기를 "때를 얻든지 못 얻든지 항상 힘쓰라"고 하였다.

1. 주님의 일을 힘쓸 이유

우리 본문 58절 초두에 "그러므로"란 말이 있는데 이것은 우리가 주님의 일을 힘써야 할 이유를 보여 준다. "그러므로"란 말은 56-67절에 말한 사망에 대한 승리를 염두에 두었다. 사람에게 내세가 없다면 이 세상에서 의(義)를 힘쓸 필요도 없게 된다. 신자는 그리스도로 말미암아서 사망을 이긴다. 그 소망 때문에 그는 주님을 위하여 일하는 자가 된다. 부활 소망 없는 자는 젊어서 놀자고 하지만, 부활 소망이 있는 자는 주님을 위하여 평생 일하자고 해야 한다. 우리가 내세의 생명을 믿지 못하는가? 내세를 믿을 수 있게 하는 증거가 무엇인가? 우리는 이 점에 있어서 몇 가지 말할 수 있다. 우리는 부활을 현세에 체험한다. 예수님은 말씀하시기를 "내가 살았고 너희도 살겠음이라"(요 14:19)고 하셨다. 우리는 예수님의 살아 계심을 지금도 체험한다. 바울도 그 뜻으로 말하기를 "내가 그리스도와 그 부활의 권능과 그 고난에 참예함을 알려 하여 그의 죽으심을 본받아 어찌하든지 죽은 자 가운데서 부활에 이르려 하노니"(빌 3:10-11)라고 하였다.

나는 이 세상의 무엇이든지 의지할 수 없다고 생각한다. 이 세상에는 믿음직한 것이 하나도 없다. 그러나 나는 이 세상 것이 아닌 것 한 가지를 믿는다. 그것은 성경 말씀이다. 나는 성경에 기록된 부활이 믿어져서 믿는다. 그러나 나는 내 마음에 믿기 어려워도 믿을 것이다. 그 이유는 성경은 하나님의 말씀이기 때문이다.

2. 견고하고 흔들리지 않음으로 일꾼의 자격을 갖춤

사람이 일을 하려면 방해가 많다. 호사다마(好事多魔)란 말도 있다. 그러므로 견고한 인격이 아니면 주님의 일을 할 수 없다. 언제나 견고하여 흔들리지 않는 자들이 승리한다. 워털루 전쟁 때에 웰링턴 장군은 어려운 고비를 당하며 모든 군대에 명령하기를 "모든 영국 사람은 자기 자리에서 죽으라"고 하였다. 그 전쟁에서 웰링톤 장군은 승리하였다. 그러면 기독신자의 인격이 견고하려면 어떻게 해야 되는가? 그것은 완고한 고집의 사람이 되므로 되는 것이 아니다. 그것은 영적 생명이 풍부한 사람이 되는 데 있다. 하나님께서 영생할 사람을 쇠나 돌로 만들지 않으시고 생명으로 만드셨다. 이 생명은 그리스도의 생명체에 붙어 있어서 살도록 지음 받았다. 그러므로 이런 사람은 온유하다.

따라서 그는 (1) 고집이나 자아 주장이 없고 예수님 속에 잘 숨는다.

엡 6:10에 "주 안에서와 그 힘의 능력으로 강건하여지고"라 하고, 딤후 2:1에 "그리스도 예수 안에 있는 은혜 속에서 강하고"라고 하였다.
(2) 계속적으로 자라가는 생명이 된다(벧후 3:18). 그는 죽는 날까지 회개를 중단하지 않는다. 그는 죄감에 예민하고 죄 청산에 신속하다. 이것이 바로 성도가 마귀에게 비하여 다른 점이다. 사람들 중에는 전혀 죄감이 없고, 따라서 회개를 영원히 하지 않는 자들이 많다. 그들은 마귀와 늘 함께 있는 자들인만큼, 마귀처럼 죄감이 없다. 단테의 《신곡》(神曲)에 의하면 지옥의 맨 밑은 얼음처럼 찬 곳이라 하고, 거기에 마귀가 간다고 하였다. 그 이유는 마귀는 죄감에 있어서 얼음과 같이 차고 느낌이 없는 까닭이라고 한다.

기독신자가 견고하게 됨은 굳어져 고정됨이 아니다. 이것은 사는 것이다. 우리는 계속적으로 사는 데 맛을 들여야 한다. 삶의 자리에서 멀어지지 말며, 약하여지지 말고, 더욱 힘써야 된다. 이와 같이 될 때에 설교도 굳세어지며, 자리 잡힌 설교가 되어진다. 우리의 설교가 중학생의 연설 연습과 같이 되어서는 안된다. 계속적으로 자라나지 못하고 굳어져서 침체 상태에 빠지면 안된다.

교역자는 무슨 일에 있어서나 어떤 사람에게서나 배우는 자가 되어야 한다. 약 3:1-2에 말하기를 "너희는 선생된 우리가 더 큰 심판 받을 줄을 알고 많이 선생이 되지 말라"고 하였다. 증인이란 것은 사실을 찾는 자이고, 또 그것을 제시하는 자이다. 그는 진리와 사실을 찾아보기를 쉬지 않는다. 그리고 그는 진실되이 증거한다.

84

주님을 사랑치 않는 자는 저주를 받음

◆ 고전 16:21-24 ◆

1. 그리스도는 생명과 사망의 분수령

백두산 꼭대기에 있는 천지(天池)의 물이 이편으로 흐르면 동해로 들어가고, 저편으로 흐르면 서해로 들어간다. 예수님은 사랑의 최대한(最大限) 표현이니, 그 사랑을 배척하면 최대의 사랑을 배척하는 죄가 된다. 부모의 사랑을 배척해도 죄가 크거든, 하물며 하나님의 사랑이랴! 그 사랑은 영원 전부터 계획하신 사랑이고, 영원토록 우리를 위한 예수님의 사랑으로 나타났다. 그 사랑이야말로 얼마나 큰가! 주님을 사랑한다 함은 무엇인가?

(1) 믿는 것이 사랑임. 사랑은 상대방을 만족하게 하여 드림인데 주님은 진리이시므로 우리가 믿어 드릴 때에 그는 만족을 얻으신다. 히 11:6에 말하기를 "믿음이 없이는 기쁘시게 못하나니 하나님께 나아가는 자는 반드시 그가 계신 것과 또한 그가 자기를 찾는 자들에게 상 주시는 이심을 믿어야 할지니라"고 하였다.

(2) 계명을 지킴이 사랑임. 예수님은 우리가 그의 뜻을 순종하여 드

림을 원하신다. 요 14:21에 말하기를 "나의 계명을 가지고 지키는 자라야 나를 사랑하는 자"라고 하셨다. 계명을 지키는 것이 귀한 줄 아는 자는 고난을 당하여 가면서 그것을 지킨다. 그의 계명들은 무거운 것들이 아니다. 그것은 새에게 있어서 날개와 같다. 계명을 지키는 자에게 하나님 아버지와 하나님의 아들이 거하신다(요 14:23). 예수님께서 말씀하시기를 "내 멍에는 쉽고 내 짐은 가벼움이라"(마 11:30)고 하셨다. 시 119:67에 말하기를 "고난 당하기 전에는 내가 그릇 행하였더니 이제는 주의 말씀을 지키나이다"라고 하였다.

2. 주님을 사랑치 않는 자는 별 수 없이 다른 것을 사랑하게 됨

주님 밖에 다른 것, 곧 이 세상에 속한 것들은 모두 다 우리를 망하게 한다. 이 세상 것은 다 지나가고 만다(요일 2:17).

(1) 딤전 6:10에 말하기를 "돈을 사랑함이 일만 악의 뿌리가 되나니 이것을 사모하는 자들이 미혹을 받아 믿음에서 떠나 많은 근심으로써 자기를 찔렀도다"라고 하였다.

(2) 그가 세상을 사랑하면 하나님과 원수가 되므로 망한다. 약 4:4에 말하기를 "세상과 벗이 되고자 하는 자는 스스로 하나님과 원수되게 하는 것이니라"고 하였다.

(3) 사람이 쾌락을 사랑하면 그는 살았으나 죽은 자이다(딤전 5:6).

(4) 사람이 자기 자신을 사랑하는 것은 무서운 폭군(暴君) 아래 매임과 같다. 개인주의에 매인 사람은 자기를 위하는 심리에서 떠날 때가 없다.

[신약편 2권 차례]

고린도후서

01. 고난의 의의(意義) ◆ 고후 1:3-19 ◆ ·· 12
02. 설교자에게 살아 계신 하나님 ◆ 고후 2:12-17 ◆ ··················· 15
03. 새 언약의 일꾼 ◆ 고후 3:1-11 ◆ ·· 20
04. 몸을 떠날 수 있는 담력 ◆ 고후 5:8-10 ◆ ······························ 23
05. 우리를 강권하시는 사랑 ◆ 고후 5:14-17 ◆ ··························· 26
06. 근심의 두 가지 종류 ◆ 고후 7:9-11 ◆ ··································· 30
07. 연보에 대하여 ◆ 고후 9:1-15 ◆ ··· 32
08. 바울의 삼층천 체험 ◆ 고후 12:1-5 ◆ ···································· 34

갈라디아서 ~ 데살로니가전서

09. 성령을 받은 자 ◆ 갈 5:22-24 ◆ ··· 38
10. 기독신자의 시간 관념 ◆ 엡 5:15-21 ◆ ·································· 41
11. 세월을 아끼라 1 ◆ 엡 5:15-21 ◆ ··· 44
12. 세월을 아끼라 2 ◆ 엡 5:15-21 ◆ ··· 47
13. 성령의 충만을 받으라 ◆ 엡 5:15-21 ◆ ·································· 50
14. 세월을 아끼라 ◆ 엡 5:15-21 ◆ ··· 54
15. 효도에 대하여 ◆ 엡 6:1-3 ◆ ··· 57
16. 보수주의의 단합의 필요성 ◆ 빌 2:1-4 ◆ ······························· 61
17. 주 안에서 기뻐하자 ◆ 빌 4:4-7 ◆ ··· 64
18. 향기로운 제물 ◆ 빌 4:15-20 ◆ ··· 67

19. 기도에 대하여 ◆ 골 4:2-3 ◆ ·· 70
20. 성직의 존귀성 1 ◆ 살전 5:12-13 ◆ ······································ 73
21. 성직의 존귀성 2 ◆ 살전 5:12-13 ◆ ······································ 76
22. 우리의 세 가지 할 일 ◆ 살전 5:16-18 ◆ ······························ 80
23. 감사에 대하여(맥추절) ◆ 살전 5:18 ◆ ··································· 84

디모데전후서·디도서

24. 기도가 목표한 세계 ◆ 딤전 2:1-7 ◆ ···································· 88
25. 기독신자들의 힘쓸 것 두 가지 ◆ 딤전 4:1-2 ◆ ·················· 91
26. 존경 받을 성직자 ◆ 딤전 5:17 ◆ ··· 94
27. 하나님의 사람의 세 가지 할 일 ◆ 딤전 6:11-12 ◆ ············ 96
28. 하나님의 사람 ◆ 딤전 6:11-14 ◆ ··· 99
29. 참된 생명을 얻으라 ◆ 딤전 6:17-19 ◆ ······························· 102
30. 디모데로 인한 바울의 감사 ◆ 딤후 1:3-5 ◆ ······················ 105
31. 주님을 위하여 고난을 받을 자에게 필요한 은혜 ◆ 딤후 1:7-8 ◆ ············ 109
32. 복음 진리를 보수(保守)함에 대하여 ◆ 딤후 2:1-2 ◆ ·········· 111
33. 하나님이 인정하시는 교역자가 되자 ◆ 딤후 2:14-18 ◆ ···· 114
34. 우리의 힘쓸 것 ◆ 딤후 2:15 ◆ ·· 118
35. 하나님의 택하신 백성 ◆ 딤후 2:19 ◆ ································· 121
36. 성경 진리를 확신함에 대하여 ◆ 딤후 3:14-17 ◆ ··············· 125

37. 성경의 실제적 유익 ◆ 딤후 3:14-17 ◆ ·············· 129
38. 성경에 대하여 ◆ 딤후 3:16-17 ◆ ·············· 132
39. 엄한 명령 ◆ 딤후 4:1-5 ◆ ·············· 135
40. 죽을 때에 소망을 가지는 교역자 ◆ 딤후 4:6-8 ◆ ·············· 137
41. 바울이 임종시에 체험한 구원관 ◆ 딤후 4:16-18 ◆ ·············· 140
42. 그레데 섬에 있었던 거짓 스승들의 특징 ◆ 딛 1:12-16 ◆ ·············· 143
43. 청년들에 대한 지도 방법 ◆ 딛 2:6-8 ◆ ·············· 147
44. 선한 일에 열중하자 ◆ 딛 2:11-14 ◆ ·············· 150
45. 은혜로 바로 살자 ◆ 딛 2:11-14 ◆ ·············· 154
46. 사람 사랑하시는 하나님 ◆ 딛 3:3-7 ◆ ·············· 157

히브리서

47. 은혜를 보존하자 ◆ 히 2:1-4 ◆ ·············· 162
48. 그리스도의 고난에 대하여 ◆ 히 5:7-10 ◆ ·············· 164
49. 두 종류의 기독 신자들 ◆ 히 5:11-14 ◆ ·············· 167
50. 소망을 따라가는 생활 1 ◆ 히 6:11-16 ◆ ·············· 170
51. 소망을 따라가는 생활 2 ◆ 히 6:17-20 ◆ ·············· 173
52. 그리스도의 피의 댓가 ◆ 히 9:11-14 ◆ ·············· 175
53. 그리스도의 피의 대가(代價) ◆ 히 9:13-14 ◆ ·············· 178
54. 신자들이 세 가지 힘쓸 것 ◆ 히 10:19-25 ◆ ·············· 181
55. 교회 성립의 삼대 요소 ◆ 히 10:23-25 ◆ ·············· 184
56. 모세의 믿음을 배우자 ◆ 히 11:24-29 ◆ ·············· 187
57. 주님을 볼 수 있는가 ◆ 히 12:14 ◆ ·············· 191
58. 순종의 대상이 될 만한 교역자 ◆ 히 13:17 ◆ ·············· 194

59. 순종의 필요 ◆ 히 13:17 ◆ ·· 197
60. 교회의 인도자 ◆ 히 13:17 ◆ ·· 199
61. 영혼을 위하여 일하자 ◆ 히 13:17 ◆ ·································· 204
62. 양 떼가 복종할 만한 목자 ◆ 히 13:17 ◆ ··························· 207

야고보서 ~ 요한계시록

63. 기도자의 마음 자세 ◆ 약 1:5-8 ◆ ······································ 212
64. 마귀의 시험을 이기자 ◆ 약 1:12 ◆ ···································· 216
65. 시험을 이기자 ◆ 약 1:12-15 ◆ ··· 219
66. 시험에 대하여 ◆ 약 1:12-15 ◆ ·· 222
67. 행하는 자가 되자 ◆ 약 1:22-27 ◆ ······································ 226
68. 겸손에 대하여 ◆ 약 4:6-10 ◆ ·· 229
69. 자라나자 ◆ 벧전 2:1-3 ◆ ·· 232
70. 산 돌 ◆ 벧전 2:4-5 ◆ ·· 236
71. 교회와 그리스도인의 생활 ◆ 벧전 2:4-5 ◆ ······················ 240
72. 평교인의 위치 ◆ 벧전 2:9-10 ◆ ·· 248
73. 깨어 기도하자 ◆ 벧전 4:7 ◆ ·· 253
74. 그리스도의 재림에 대하여 ◆ 벧후 3:8-13 ◆ ····················· 255
75. 하나님의 사랑 ◆ 요일 4:9-18 ◆ ·· 259
76. 거짓 스승의 요소를 제거하자 ◆ 유 1:8-13 ◆ ···················· 262
77. 마귀를 꾸짖으소서 ◆ 유 1:9 ◆ ·· 264
78. 이단(異端)을 멀리하자 ◆ 유 1:10-13 ◆ ······························· 267
79. 죽도록 충성하자 ◆ 계 2:8-11 ◆ ·· 270